W9-BTS-171

NTC's
Dictionary
of
CANADIAN
FRENCH

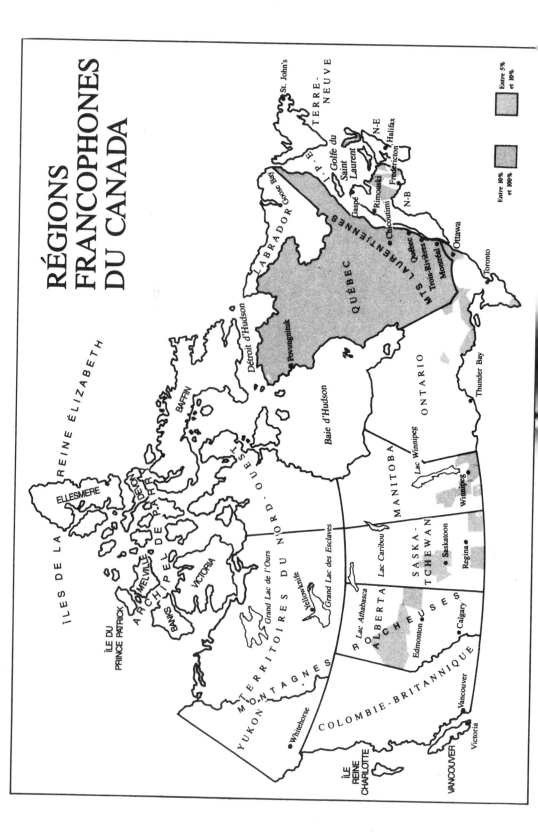

RÉGIONS
FRANCOPHONES
DU CANADA

ÎLES DE LA REINE ÉLIZABETH

ÎLE DU PRINCE PATRICK

ELLESMERE

ARCHIPEL DE P.-R.R.

MELVILLE

DEVON

BAFFIN

BANKS

VICTORIA

Détroit d'Hudson

Povungnituk

LABRADOR

Goose Bay

TERRE-NEUVE

St. John's

Golfe du Saint Laurent

Gaspé

Rimouski

Chicoutimi

QUÉBEC

MTS LAURENTIENNES

Trois-Rivières

Québec

Montréal

Ottawa

Toronto

Baie d'Hudson

I.-P.-É.

N-E

Halifax

Fredericton

N-B

Grand Lac de l'Ours

Yellowknife

Grand Lac des Esclaves

TERRITOIRES DU NORD-OUEST

MONTAGNES

YUKON

Whitehorse

R Lac Athabasca

Lac Caribou

ALBERTA

Edmonton

Calgary

SASKA-TCHEWAN

Saskatoon

Regina

MANITOBA

Lac Winnipeg

Winnipeg

ONTARIO

Thunder Bay

ROCHEUSES

COLOMBIE-BRITANNIQUE

VANCOUVER

Vancouver

Victoria

ÎLE REINE CHARLOTTE

Entre 5% et 10%

Entre 10% et 100%

NTC's
Dictionary
of
CANADIAN
FRENCH

Sinclair Robinson & Donald Smith

National Textbook Company
NTC a division of *NTC Publishing Group* • Lincolnwood, Illinois USA

443.21
Rob
cop. 1

This edition first published in 1991 by National Textbook Company,
a division of NTC Publishing Group,
4255 West Touhy Avenue, Lincolnwood (Chicago), Illinois 60646-1975 U.S.A.
Originally published by Stoddart Publishing Co. Limited and House
of Anansi Press Limited.
© 1990 by Sinclair Robinson and Donald Smith. All rights reserved.
No part of this book may be reproduced, stored in
a retrieval system, or transmitted in any form or by any means, electronic,
mechanical, photocopying, recording or otherwise, without the
prior permission of NTC Publishing Group.
Manufactured in the United States of America.

0 1 2 3 4 5 6 7 8 9 VP 9 8 7 6 5 4 3 2 1

Contents

The Authors

Sinclair Robinson is former chairman of the Department of French at Carleton University, Ottawa, where he teaches French linguistics, translation, and French as a second language. He is a specialist in the area of Canadian French and is the author of numerous translations.

Donald Smith is also former chairman of the Department of French at Carleton University. He has authored several books on Quebec and Acadian literature, including *Voices of Deliverance* (interviews with French-Canadian writers), *Gilles Vigneault, conteur et poète,* and *Gilbert La Roque, l'écriture du rêve.* Professor Smith is also an editor and publisher for Les Éditions Québec/Amérique and Montreal Press.

Introduction

For 400 years, the French language in Canada has grown and evolved to reflect the unique communicative requirements of a North American context. Climate, flora and fauna, the presence of Native peoples, the harsh realities of colonial life—all these conditions of daily existence differed substantially from those prevailing in Continental France and necessitated the creation of new terms or the adaptation of old ones to mirror this new environment. In addition, the obstacles to communicating with the Mother Country (distance and, after 1763, British control of the country) resulted in the preservation of a certain number of words and expressions that had fallen into disuse in France itself.

Thus, after four centuries, Canadian French (much like American English) has developed into a distinctive communicative instrument that expresses the unique environment and experiences of those who use it. At the same time, Canadian French-speakers remain firmly a part of the world-wide community of French-speaking peoples, known as *la francophonie*. As Americans have done for English, the *francophones* of Canada have enhanced the diversity and vigor that make French a language of international communication.

NTC's Dictionary of Canadian French is aimed at all those who wish to deepen their knowledge of French as it is spoken in Quebec and *Acadia* (New Brunswick, Nova Scotia, Prince Edward Island, and Louisiana). Entries in this dictionary have been drawn from the rich fund of French-Canadian and Acadian literature, from the print and electronic media, as well as from personal investigations conducted in French-speaking Canada and Louisiana. In addition, a team of collaborators in France, Quebec, and Acadia have added their insights to those of the authors: Antonine Maillet, Acadian writer and winner of the 1979 *Prix Goncourt;* Claude Prulhière, a French author who has produced an important study of the Province of Quebec; and, in Canada, an experienced team consisting of Maurice Boyer, Jacques Gagné, Lorraine Deslauriers, Dominique Rosse, and Brigitte Vincent.

The percentage of French Canadian vocabulary that differs from that of Continental French is relatively small; however, those terms occur with high frequency in everyday speech. Typical Canadian vocabulary can be divided into several categories according to its origin: 1) archaisms, words or shades of meaning that once had (but no longer have) currency in Continental French (e.g., *cabaret* for *plateau*);

2) loanwords either from North American Indian languages (*atoca*) or from English (*smart, chum*); and 3) words formed by derivation from other French terms (*débarbouillette*), by combination (*cabane à sucre*), or by extension of meaning (*débarquer*).

For the convenience of its users, the entries of *NTC's Dictionary of Canadian French* are grouped into 33 alphabetically arranged categories (*Animaux, Arbres et plantes, Argent,* etc.). Canadian terms are defined both in English *and* Continental French equivalents, thus allowing students of the French language to compare at a glance the corresponding terms used in the French of Europe and of North America. In addition to its extensive wordlist, this dictionary also includes appendices outlining the unique grammatical features of French in Quebec and Acadia. These reference sections highlight the syntactical differences between European and North American French and will prove invaluable to those wishing to compare these two varieties of the language. Finally, a listing is provided of words unique to Acadian French-speakers.

NTC's Dictionary of Canadian French will serve as a valuable reference for all those who wish to understand and communicate in the dynamic, thriving culture of French-speaking Canada.

Important Note to the Reader

In the first column, the authors have attempted to give the most useful words and expressions used in Quebec, which are either unknown or have limited usage in France. An asterisk is used to indicate a colloquial word or expression for which an appropriate North American English equivalent could not be found. Words with an asterisk tend to be informal and are often unofficial. When a colloquial *Québécois* word or expression has an equivalent in North American English, an asterisk is not used ("gniochon" for "dumbbell," "robine" for "rotgut," do not have asterisks; "pinotte*" for "peanut," "bâtisse*" for "building" do). In some cases, words in this column can be heard in France ("engraisser" for "to put on weight"; "dîner" for "lunch"). They are listed because of their more frequent usage in Quebec.

The middle column gives the equivalent word or expression used in France and, in many cases, in Quebec as well. Words in italics indicate either mere explanations of *Québécois* words for which there are no exact European equivalents (suisse/*petit écureuil rayé, sorte de tamia*/chipmunk), or words that are not used or have a very limited usage in Quebec (bleuet/*myrtille*/blueberry). The vast majority of words are not italicized, since they are used both in Quebec and France (patente/machin/whatchamacallit).

Abbreviations

adj:	adjectif
(f):	féminin
(m):	masculin
(pl):	pluriel
qch:	quelque chose
qn:	quelqu'un
sing:	singulier
s.o.:	someone
sth:	something

Animaux (Animals)

Québec	France/Québec	
barbeau*, barbot* (m)	scarabée	beetle
bébite*, bibite* (f)	bestiole	insect, bug
bête à patates*, bébite à patates* (f)	doryphore	potato bug
bête puante* (f)	mouffette, *sconse*	skunk
bibite (voir bébite)		
blanchon (m)	petit du phoque	baby seal
boque*, buck* (m)	mâle de l'"orignal", du "chevreuil"	buck
bourgot (m)	bigorneau	winkle (snail)
broquant* (m)	cerf	stag
brûlot (m)	*mouche fine à morsure brûlante*	small mosquito; gnat, midge
buck (voir boque)		
burgau, burgot (m)	cor, trompe de chasse	moose horn, moose-caller
cache (f)	abri de chasseur	cache, hunter's hiding place
carcajou (m)	glouton	wolverine
caribou (m)	*renne du Canada*	caribou
chat sauvage* (m)	raton laveur	raccoon
chevreuil, chevreux* (m)	*cerf de Virginie*	deer
chien des prairies (m)	sorte de marmotte	prairie dog
clanche*; clancher*	affamé, qui a les flancs creux; être affamé	starving, (cow, etc. with sides sunken in); to starve
coquerelle* (f)	*blatte*, cafard	cockroach
crigne* (f)	crinière	horse's mane
criquet (m)	grillon	cricket
(prendre) l'épouvante*	prendre le mors aux dents	to bolt, run away

Québec	France/Québec	
fouillon* (m)	groin (du cochon)	snout (of pig)
loup-marin (m)	otarie	(harp) seal
marcassin* (m)	jeune et petit cochon	young and small pig
marcou* (m)	matou	tomcat
maringouin (m)	moustique, *cousin*	mosquito
minoune* (f)	minou, *minette*	pussy (cat)
mouche (à cheval) (f), frappe-à-bord* (m)	taon	horsefly
mouche à feu* (f)	luciole	firefly
orignal (m)	élan (d'Amérique)	moose
ouache* (f)	terrier, gîte (d'un ours)	(bear's) den
ouaouaron, wawaron (m)	grosse grenouille	bullfrog
panache (m)	bois (m, pl)	antlers
passes* (f, pl)	pistes	(animal) tracks
patineur* (m)	araignée d'eau	water spider
pichou* (m)	loup-cervier	lynx, wildcat
picouille (f), piton (m)	rosse, vieux cheval	old nag
pitou (m)	*cabot*, toutou	doggie, pooch
pleurine, plorine (f)	rosse	old nag
poursi*, poursille (f)	sorte de dauphin	type of dolphin
pourvoirie (f)	domaine de chasse et de pêche	hunting or fishing ground
queue-de-poêlon* (f)	têtard	polliwog
renardière (f)	*ferme où on élève des renards*	fox farm
siffleux* (m)	marmotte	groundhog
suisse (barré), petit suisse* (m)	*petit écureuil rayé, sorte de tamia*	chipmunk

Arbres et plantes (Trees and Plants)

Québec	France/Québec	
amélanchier (m)	*sorte de rosacée*	saskatoon, allegheny, shadbush, shadblow, juneberry, serviceberry
amoureux* (m, pl), toques* (f, pl)	fruits de la bardane	burrs
artichaut* (m), rapace*, rhubarbe du diable* (f)	bardane	burdock
aubel* (m)	aubier	sapwood
aunages* (m, pl)	jeunes aunes; arbrisseaux	young alders; shrubs
aunes* (f, pl)	broussailles	scrub, brushwood
babina*, pimbina (m)	*fruit de l'obier*	pembina, fruit of the cranberry
bleuet, bluet* (m)	*myrtille*	blueberry
bleuetière (f)	terrain à myrtilles	blueberry patch, field
bois blanc* (m)	bois du tilleul	linden-tree wood
bois francs (m, pl)	*forêts d'arbres à feuillage caduc*	*hardwood forests* (especially as in Eastern Townships)
bouleau gris, rouge; bouleau à papier, à canot; bouleau blanc, bouleau jaune, merisier* (m)	*sortes de bouleaux*	grey birch; canoe birch; yellow birch
bûcher*	abattre des arbres	to cut down trees
buis* (m)	if	(American) yew
catherinette (f)	*sorte de mûre*	(dwarf) blackberry
cèdre (m)	*thuya*	cedar
cédrière (f)	*forêt de thuyas*	cedar bush

Québec	**France/Québec**	
cenellier*, senellier* (m)	aubépine	hawthorn
clajeux*	iris versicolore	large blue flag
cocotte* (f)	cône	(pine, etc.) cone
coeurs saignants (m, pl)	coeurs de Marie	bleeding hearts
cormier, mascou*, mascouabina* (m)	*fruit du sorbier*	fruit of the mountain ash
cou-croche* (m)	coloquinte	gourd
cyprès (m)	pin gris	jackpine
éclaircie (f)	clairière	clearing
épinette (f)	*épicéa*	spruce
épinette rouge	*mélèze*	tamarack, larch
épinettière (f)	*peuplement d'épicéas*	spruce bush
érablière, sucrerie (f)	bois d'érables	maple bush, maple grove, sugar bush
feuillu	caduc	deciduous
fleur de mai (f)	fleur de l'arbousier	mayflower
fleur des savanes	*sorte de laurier*	swamp laurel
foresterie (f)	économie forestière	forestry (studies)
gadelier (gadellier) noir* (m)	cassis	blackcurrant bush
gadelier rouge*	groseillier rouge	redcurrant bush
gaulthérie couchée (f), petit thé*, thé des bois (m)	*wintergreen*	wintergreen
gomme de sapin (f)	baume	balsam (gum)
hart-rouge* (m)	cornouiller (stolonifère)	dogwood
herbe à bernaches* (f)	zostère	sea grass
herbe à puce*	sumac vénéneux	poison ivy
jargeau (m)	vesce	vetch, tare

Québec	France/Québec	
liard*, peuplier baumier, peuplier noir (m)	*sorte de peuplier*	black poplar, balsam poplar
(petite) merise* (f)	*fruit du cerisier de Pennsylvanie*	wild red cherry, pin cherry
merisier (voir bouleau gris)		
petit merisier, arbre à petites merises (m)	*cerisier de Pennsylvanie*	wild red cherry tree
mil* (pron. mi) (m)	fléole	cat's-tail grass
minou* (m)	chaton	pussy willow
moisissure (f)	champignons	mold
navette (f)	navet sauvage	wild turnip
ormière (f)	peuplement d'ormes	elm bush
passe-rose* (f)	rose trémière	hollyhock
pénac (m), patate en chapelet* (f)	apios (d'Amérique)	ground nut
pétard* (m)	fleur de silène	catchfly
petit cochon* (m)	asclépiade	milweed
pétouane* (f)	aster	aster
picpics*, piquants* (m, pl)	chardons	thistles
pimbina (voir babina)		
plaine* (f)	faux-plane; érable rouge	sycamore; red maple
plaquebière (f)	ronce, mûrier	blackberry bush
platane (f)	sycomore	sycamore
poinsettie, poinsettia (f)	*euphorbiacée d'Amérique*	poinsettia
petite poire (f)	*fruit de "l'amélanchier"*	saskatoon berry (see *amélanchier*)
pommetier (m)	*sorte de pommier*	crab apple tree
pommette (f)	*pomme de Sibérie*	crab apple
pruche (f)	tsuga du Canada	hemlock

Québec	France/Québec	
pruché*	rabougri	crooked, stunted (tree)
pruchière (f)	peuplement de tsugas	hemlock grove
quatre-saisons (f)	hortensia	four-seasons, hortensia
queue-de-renard* (f)	prêle des champs, queue-de-cheval	field horsetail
quenouille* (f)	roseau des marais	bulrush, cat-tail
qui-es-tu*, tétu* (m)	mésange	chickadee
rapace (voir artichaut)		
retiger	*drageonner*; reprendre	to sprout, to take
retiges (f, pl)	tiges	sprouts
rhubarbe du diable (voir artichaut)		
rouget*, quatre-temps* (m)	cornouiller	dogwood
sabot de la Sainte-Vierge* (m)	*sorte d'orchidacée*	moccasin flower, lady's slipper
saint-joseph (m)	pétunia	petunia
saint-michel, sapineau (m)	petit sapin	spruceling
sang-de-dragon, sang-dragon (m)	sanguinaire	bloodroot
sapinages (m, pl)	branches de sapin; petits conifères	evergreens; evergreen sapling, fir bush
savoyane, saouiyone* (f)	*sorte de coptide*	goldthread
senellier (voir cenellier)		
sévigné* (m)	genévrier (horizontal)	horizontal juniper
sucrerie (voir érablière)		
surette (f)	*oseille*	(field) sorrel
tabac du diable* (m)	chou puant	skunk cabbage
talle (f)	touffe	clump (of bushes)
petit thé, thé des bois (voir gaulthérie)		

Québec	France/Québec	
toques (voir amoureux)		
tourbe (f); poser de la tourbe, tourber	(plaques de) gazon; *dérouler du gazon*	grass, sod; to sod
trille (f), trillium (m)	*sorte de liliacée*	trillium
verge d'or (f)	*sorte d'aster*	goldenrod
vinaigrier (m)	*sorte de sumac*	(staghorn) sumac

Argent (Money)

Québec	France/Québec	
cent (m); une cenne*, un sou		cent; penny
un cinq-cents, un cinq-sous; une pièce de cinq cents		a nickel; five-cent piece
un dix-cents, un dix-sous; une pièce de dix cents		a dime; ten-cent piece
un trente-sous, un vingt-cinq cents; une pièce de vingt-cinq cents		a quarter; twenty-five cent piece
un cinquante-cents, un cinquante-sous; une pièce de cinquante cents		a fifty-cent piece
dollar (m); une piasse*, une piastre*; un billet d'un dollar; une piastre jaune		dollar; a buck; a one-dollar bill; a loon, loonie
un deux, un deux-piasses*		a two
un billet de deux dollars		a two-dollar bill

Divers (Miscellaneous)

Québec	France/Québec	
faire de la grosse argent*	gagner beaucoup d'argent	to make a lot of money
faire de l'argent comme de l'eau	. . . avec facilité	to make money hand over fist, to be raking it in
être argenté	avoir du fric	to have money, dough
arriver	s'accorder; joindre les deux bouts; rentrer dans ses dépenses	to jibe; to make ends meet; to make it, break even
avoir de l'avance*	avoir des économies	to have money put away
avoir du bacon	*avoir des ronds*	to have a lot of dough
baise-la-piastre, (-la cenne, -la piasse) (m)	avare, grippe-sou	penny-pincher, miser
balance* (f)	solde, reste	balance, the rest
banque à charte (f)	*banque privilégiée*	chartered bank

Québec	France/Québec	
barbotte (f)	tripot	gambling joint
biche, bitche (voir tête)		
avoir des bidous (m, pl)	*avoir des ronds, du pèze*	to be rich, be loaded
faire sa bosse	*faire son beurre*	to make a bundle
être bossu*	être habile en affaires; *avoir du pot*	to be a good businessman, have a knack for business; to be lucky
Caisse Populaire (Caisse POP) (f)	*banque populaire*	credit union
en avoir de caché	avoir de l'argent en réserve	to have lots of money stored away
caler de l'argent*	perdre de l'argent	to lose money, go in the hole
cassé (comme un clou)	fauché *(comme les blés)*	(dead) broke
casser*	changer	to break (a bill)
cennes blanches*	*pièces de plus d'un "cent"*	silver
cennes noires*	pièces d'un "cent"	pennies
pas une cenne noire, pas une token	pas un sou vaillant	not a red cent
change* (m)	monnaie	change
changer* (une piasse)	faire la monnaie de	to change (a dollar)
changer*, encaisser un chèque	toucher un chèque	to cash a cheque
petit change*	menue monnaie	small change
charger*	demander; porter à son compte	to charge
charge* (f)	frais	charge
chargeant*	trop cher	expensive (store)
cheap*	bon marché; de mauvaise qualité	cheap, inexpensive; cheap, shoddy
être dans le chemin*	être en faillite, dans le pétrin	to be bankrupt

Québec	**France/Québec**	
perdre sa chemise, se faire déculotter	perdre beaucoup d'argent, se ruiner, y laisser sa chemise	to lose one's shirt
chèque visé* (m)	chèque certifié	certified cheque
chèque de voyage	*travellers (chèque)*	traveller's cheque
être chérant*	vendre cher	to be expensive (store)
clair*	tout payé; net	clear
cochon* (m)	tirelire	piggybank
coffre de sûreté (m)	coffre-fort	safe
coffret (m)	coffre	safety deposit box
Il en a de collé.	Il est plein aux as.	He's loaded.
cope, copine (f)	*pièce d'un cent*	copper
faire un coup d'argent	faire une bonne affaire, gagner le magot	to make a bundle
être au débit	manquer de fonds	to be overdrawn
déboursés (m, pl)	frais de dépenses	expenses
déculotter (voir chemise)		
déductible* (m)	*franchise*	deductible
de dépense*	dépensier; cher	extravagant; expensive
dépenseux*	panier percé	big spender
déposer	déposer de l'argent	to deposit money; go to the bank
dépôt (m)	*acompte*	deposit
dispendieux	cher	expensive
encaisser (voir changer)		
foin (m), grain (m)	argent, fric, *avoine*	money, dough, bread
avoir du foin	être riche, *avoir du blé*	to be rich, well heeled
chèque sans fonds, chèque de rubber*, chèque élastique* (m)	*chèque en bois*	N.S.F. cheque, bounced cheque

Québec	France/Québec	
être foncé	*avoir du blé*	to be loaded
gager	parier	to bet
gageure (f)	pari	bet
gagné*, vieux-gagné* (m)	économies	savings
grain (voir foin)		
gratter	être mesquin	to be stingy, tight
gratteux	avare, pingre	stingy person, tightwad
gringueux	chiche, avare	tightwad
banque de Jos Violon (f)	*personne (ou situation) qui vous rapporte de l'argent*	solid savings, golden opportunity, surefire investment
Je n'ai pas un liard, pas un sou qui m'adore.	. . . pas un sou vaillant.	I haven't got a red cent.
mange-la-marde*, mangeux de marde* (m)	grippe-sou	skinflint
Il a de l'argent dans les mites.	Il est près de ses sous.	He's a money grubber.
montant* d'argent (m)	somme d'argent	amount of money
faire le motton, faire un motton	gagner, trouver beaucoup d'argent, gagner le magot	to make, win a bundle
être en moyens	avoir les moyens	to be in the money, to be a man of means
obligation d'épargne (f)	*bon du trésor*	savings bond
avoir la palette; faire la palette	*avoir de la galette;* gagner de l'argent	to be in the chips; to make money hand over fist
part* (f)	action	share
(cinquante, etc.) patates, tomates	*(cinquante, etc.) balles*	(fifty, etc.) bucks
picotin (m)	*profit fait aux dépens du gouvernement*	money made by riding the gravy train
être près de ses pièces, de ses cennes	être près de ses sous	to be tight

Québec	France/Québec	
pince-la-cenne (m)	grippe-sou	old miser, skinflint
quêteux*	pauvre; *clochard*	poor, poverty-stricken; beggar, bum
quêteux à cheval* (m)	parvenu; grippe-sou	nouveau riche; penny pincher
ramasseux	économe, chiche	thrifty, stingy, tight
réquisition* (f)	commande	requisition
être dans le rouge	*être endetté, ne pas faire de profits*	to be in the red
sauver de l'argent*	économiser	to save money
séraphin	avare, *harpagon*	stingy, miserly, a Scrooge
faire son séraphin	*être un vrai harpagon*	to be stingy, to act stingy, to be a Scrooge
être à serre, être serré	manquer d'argent, être à court	to be short of money, hard up
serre-la-cenne, serre-la-piastre (m)	avare, grippe-sou	miser, penny-pincher
se serrer la poigne (m)	se serrer la ceinture	to tighten one's belt
tête ou biche (bitche)*	pile ou face	heads or tails
tomates (voir patates)		
arriver (être) dans le trou	être en déficit	to be in the hole

Corps et maladies (Body and Diseases)

Québec	France/Québec	
affaire, bâton, batte (m), bisoune (f), bizou (m), bizoune, ti-boutte, (ti-) coune, faille, flaye, graine (f), moine, narf (m), pataclan (m), patente (f), pissou (m), pitchoune, pitoune (f), péteux (m), pinouche, pischtaouère, pissette, zoune (f)	pénis, verge, bitte, *biroute,* etc.	penis, tool, dick, etc.
affaire (m), bisoune, bizoune (f), chausson (m), craque, minoune, noune, pantoufle, pelote, plotte (f), soulier (m), touffe, zoune (f)	vagin, chatte, etc.	vagina, pussy, etc.
être affligé du coeur˚, être pris du coeur˚, poigné du coeur˚	être malade du coeur	to have a bad heart
aller au petit; aller au gros	faire pipi; faire caca	to go number one; to go number two
bien amanché(e)	bien roulée; bien garni (homme)	stacked; well-hung (man)
amiantose (f)	*maladie des poumons causée par la poussière d'amiante*	asbestosis
apitchouner˚, atchoumer˚	éternuer	to sneeze
Elle a de gros arguments. Elle a un bel avenir. Elle prend sa douche sans se mouiller les pieds.	Il y a du monde au balcon.	She's really stacked.
arupiaux˚, orupiaux˚ (m, pl)	oreillons	mumps
atchoum˚ (m)	éternuement	sneeze
attraper son coup de mort	attraper dangereusement froid	to catch one's death of cold
avenir (voir arguments)		

Québec	France/Québec	
bahut, ballon (m), foufounes, joues, poupounes (f, pl), steak (m)	fesses, lunes, *miches*	rear end, cheeks, bum
bajotte* (f)	joue, bajoue, grosse joue	fat lip
ballant* (m)	équilibre	balance
balles, boules, chnolles, gosses (f, pl), marbres (m, pl), noix (f, pl), poche, sacoche (f), snels (f, pl)	couilles, *balloches,* bourses	balls, nuts
être en balloune, être pleine	*avoir le ballon*	to be pregnant, have a bun in the oven
baquais, baquet (m), baquèse, baquaise (f)	personne grosse et courte, *meuble;* niais	short, stocky person; dummy
être baquaise*, être baquèse	être obèse, empâté	to be fat
barre du cou* (f)	os du cou, nuque	neck bone
bâton (voir affaire)		
batte (voir affaire)		
bégayeux*, bégeux*	bègue	stutterer
bette (f), bloc (m), bol, bolle, cabane (f), cabochon, casque, chignon (m), noix (f)	tête, boule, coco, etc.	head, noggin, bean
bisoune, bizoune (voir affaire)		
bizou (voir affaire)		
bloc (voir bette)		
bolle (voir bette)		
bompeur (m), boules (f, pl), jos (m, pl), jugs (f, pl), quenoche, quetouche, tablette (f), tets (m, pl), ventrèche (f)	lolos, nichons, *roberts*	boobs, tits
boules (voir bompeur)		
être rendu au boutte*, à bout	être à bout, crevé	to be dead tired

Québec	France/Québec	
ti-boutte (voir affaire)		
avoir les bronches*	avoir une bronchite	to have bronchitis
brûlements (d'estomac) (m, pl)	brûlures . . .	heartburn
cabane (voir bette)		
calé*	chauve, déboisé	bald
avoir la calèche, charrier, avoir le choléra, avoir la cliche, avoir le corps lâche, avoir la débâcle, avoir le flou, avoir le flux, avoir la galopante, avoir le va-vite, avoir mal au ventre	avoir la courante, la foire	to have diarrhea, the runs
caler*	devenir chauve	to go bald
califourchon* (m)	derrière, *joufflu*	backside, bottom
canne, quenouille (f)	patte	leg, stump
carte-soleil (f)	carte d'assurance-maladie du Québec	Quebec health insurance card
casque (voir bette)		
maigre comme un cassot, comme un chicot	maigre comme un clou	thin as a rake
castonguette (f)	appareil qui sert à inscrire les données sur la carte d'assurance-maladie du Québec; carte d'assurance-maladie	machine used to process the Quebec health insurance card (named after a former health minister); Quebec health card
chausson (voir affaire)		
chignon (voir bette)		
chignon (du cou) (m)	derrière du cou	scruff of the neck
chnolles (voir balles)		
chromo (m)	*mocheté*	ugly person, wipe-out
se clairer d'une maladie*	guérir . . .	to get over a disease

Québec	France/Québec	
être consomption* (f)	être tuberculeux	to have consumption, T.B.
coq-l'oeil* (m)	bigle, loucheur; borgne	cross-eyed person; one-eyed person
corporant*	corpulent	heavy, fat
coune (voir affaire)		
courir une grippe (J'en cours une.)*	avoir une grippe	to have the flu
courte-haleine* (f)	essoufflement	shortness of breath
craque (voir affaire)		
craqué	gercé; timbré	chapped, cracked; nuts, cracked
créature (f)	femme, *gonzesse*	female, woman, broad
crignasse* (f)	chevelure	head of hair
crigne (f)	crinière	mane, mop (of hair)
avoir les yeux croches*	être bigle	to be cross-eyed
crottes (voir malade)		
cute*, quioute*	mignon	cute
dalot* (m)	dalle, gosier	throat
débâcle (voir calèche)		
débattre, toquer*	palpiter (coeur)	to pound (heart)
se dégripper	guérir de la grippe	to come out of the flu
déguiser qn, qch	défigurer, enlaidir qn, qch	to wreck the appearance (of s.o., of sth)
Mon bras me démanche*.	. . . démange.	My arm is itchy.
dérangé, troublé	faible d'esprit	disturbed (in the mind)
se dérhumer, se désenrhumer	se racler la gorge	to clear one's throat
se dôper*, se dôser*, se drailler*	se droguer	to do drugs, smoke dope

Québec	France/Québec	
détorse*, foulure* (f)	entorse	sprain
avoir le pied détors*	avoir une entorse au pied	to have a sprained ankle
dose (f)	maladie vénérienne	dose, case of V.D.
douche (voir arguments)		
drailler (voir dôper)		
échappe*, écharpe* (f)	écharde	sliver
égossé*	châtré	castrated
s'éjarrer	faire le grand écart; perdre pied; écarter les jambes	to do the splits; to lose one's footing; to spread one's legs
se faire enfirouâper	mettre enceinte	to get knocked up
s'estropier*	se blesser	to hurt oneself
faille, flaye (voir affaire)		
falle*, phale* (f)	poitrine, gorge	chest, throat
partir pour la famille, être en famille	tomber enceinte, *être passée chez Michelin*	to get pregnant, be in a family way
grand fanal (m)	grande perche	beanpole
feluet*, feluette*	fluet	skinny, sickly
feu sauvage* (m)	herpès	cold sore, fever blister
avoir les (grandes) fièvres*	avoir la fièvre typhoïde	to have typhoid fever
fièvre des foins (f)	*rhume des foins*	hay fever
Ça file bien.*	Je me sens bien.	I feel all right. I feel great.
Il file pas.*	Il ne se sent pas bien.	He's not feeling so good.
flou, flux (voir calèche)		
grand fouet (m)	homme grand et efflanqué	tall and thin man, beanpole
foufounes (voir bahut)		
fourche* (f)	entre-jambes	crotch
foulure (voir détorse)		

Québec	**France/Québec**	
prendre (de) la fraîche*	prendre froid	to catch a chill
fronde*, fronte* (f)	clou	boil
gadille, guédille, guédine (f)	roupie, morve	mucus, snot
gale (f)	croûte, eschare	scab
galopante (voir calèche)		
gorgoton* (m)	pomme d'Adam, gorge	Adam's apple, throat
gosses (voir balles)		
grafigner*	égratigner	to scratch, graze
grafignure*, grafigne* (f)	égratignure	scratch
graine (voir affaire)		
gricher, (voir grincher)		
griller*	bronzer	to tan
grincher*, gricher* des dents	grincer des dents	to grind one's teeth
griser*	grisonner	to turn grey
gros jambon (m)	pleine de soupe; qui a de grosses hanches	fatso; s.o. with big hips
grosse torche (f)	pleine de soupe	fatso, tub o'lard
Il y a de la houle.*	Il titube.	He's staggering.
s'infliger une blessure	se blesser	to get injured
(grand) jack* (m)	grande perche	tall person
jos (voir bompeur)		
joues (voir bahut)		
être malade*, avoir ses crottes*, être dans ses crottes*	être indisposée	to be having one's period
mal-en-train	indisposé, souffrant	out of sorts, not feeling well
marbres (voir balles)		
matière* (f)	pus	pus

Québec	France/Québec	
matiérer*	suppurer	to ooze pus
matiéreux*	suppurant	full of pus
mature*	mûr	mature
n'en mener pas large	être faible, manquer de force	to be sickly, weak
menette, mitaine (f)	menotte	paw, hand
minoune (voir affaire)		
moine (voir affaire)		
mordée* (f)	morsure	bite
se morfondre*	s'épuiser	to wear oneself out
morfondant*	épuisant	exhausting
mosselles* (f, pl)	biceps	(arm) muscles, biceps
mouche de moutarde* (f)	sinapisme	mustard plaster
narf (voir affaire)		
noiron, onne	noiraud	dark, swarthy
noix (voir balles, bette)		
noune (voir affaire)		
orupiaux (voir arupiaux)		
palette* (f)	dents incisives	two front teeth
palette du genou*	rotule	kneecap
palotte*	maladroit, empoté	clumsy
pantoufle (voir affaire)		
pas d'allure* (m, f)	personne gauche, maladroite	clumsy person
pataclan (voir affaire)		
patate (f)	palpitant	ticker
patente (voir affaire)		
peaux mortes* (f, pl)	pellicules	dandruff
pelote (voir affaire)		

Québec	France/Québec	
avoir du pep*	avoir de l'énergie	to have pep
peppé*	énergique	peppy
La pétaque fait défaut.	J'ai le palpitant détraqué.	I have a bad ticker.
péteux (voir affaire)		
phale (voir falle)		
pichou (voir affaire)		
grosse picote* (f)	variole, petite vérole	smallpox
picote noire*	variole hémorragique	fulminating smallpox
picote volante*, petite picote*	varicelle	chickenpox
picoté*	grêlé	pockmarked
pinouche (voir affaire)		
pischtaouère (voir affaire)		
faire une pissette, tirer une pisse	pisser	to pee, take a leak
pissette (voir affaire)		
pissou (voir affaire)		
pitchoune (voir affaire)		
pitoune (f)	vraie bonbonne	fat lady, tub o'lard
pitoune (voir affaire)		
pivelé	qui a des taches de rousseur	freckled
être sur les planches	reposer	to be laid out
pleine (voir balloune)		
pleumer*	déboiser, se déplumer; peler	to lose one's hair; to peel
plotte (voir affaire)		
plug*, plogue*	lourdaud	awkward, clumsy
poche (voir balles)		
poitrail* (m)	poitrine énorme	large chest

Québec	France/Québec	
poque*, prune* (f)	bleu, bosse	bruise, bump
avoir six pouces de jambes	être haut comme trois pommes	to be knee-high to a grasshopper
poupounes (voir bahut)		
grosse poutine (f)	*vraie bonbonne*	fatty
prouter*	péter	to fart
quenoeil (m)	*oeil (dans le langage des enfants), mes noeils*	eye (children's language)
quioute (voir cute)		
rapporté* (dent, cheveux)	faux	false (teeth, hair)
raqué*	épuisé, crevé; avoir les muscles endoloris, raides	tired out; wracked up
recopié, copié (C'est ton frère tout recopié.)	tout craché	identical (He's the spitting image of your brother.)
se regricher*	se hérisser	to stand on end (hair)
renvoyer	dégueuler, rendre	to bring up, puke
respir* (m)	respiration; souffle; soupir	breathing; breath; sigh
restituer	vomir, dégobiller	to bring up, vomit
rognon* (m)	rein	kidney
rousselé	qui a des taches de rousseur	freckled
rousseler	se couvrir de taches de rousseur	to freckle
rousselures (f, pl)	taches de rousseur	freckles
saloperie* (f)	escarbille, poussière	cinder, dust, speck (in the eye)
savaté	fatigué, crevé	tired out, dead-tired, out of it
séparation (f)	raie	part (in hair)
siler (Les oreilles me silent.)	gémir; tinter; siffler	to cry; to tingle, buzz; to wheeze

Québec	France/Québec	
sileux, euse	qui "sile"	buzzing; wheezing
slaque*	efflanqué	loose-limbed
un grand slaque*	homme grand et efflanqué	tall and loose-limbed man
snels (voir balles)		
soulier (voir affaire)		
steak (voir bahut)		
tablette (voir bompeur)		
tets (voir bompeur)		
ti-cul* (m)	personne bien courte, bas-du-cul	little squirt, peewee
tignasse* (f)	cheveux mêlés	messed-up hair
titine* (f)	verrue	wart
faire de la toile	avoir une faiblesse, se pâmer	to feel faint, pass out, swoon
tomber d'un mal*	souffrir d'épilepsie	to suffer from epilepsy, to have fits
toquer (voir débattre)		
touffe (voir affaire)		
toupette* (m)	toupet	tuft of hair
toutoune* (f)	femme grassouillette	chubby, fatso, tub o'lard (woman)
va-vite (voir calèche)		
ventrèche (voir bompeur)		
zoune (voir affaire)		

Cuisine (Cooking)

Québec	France/Québec	

Aliments et repas (Food and Meals)

ail des bois (m)	ail sauvage	wild garlic
aloyau (gros filet) (m)	*sorte de romsteck*	porterhouse
aloyau (m)	*sorte de contre-filet*	T-bone
arachide, pinotte* (f)	*cacahouète*	peanut
beurre d'arachide, de pinottes* (m)	*beurre de cacahouètes*	peanut butter
ataca*, atoca* (m), canneberge (f)	*sorte d'airelle*	cranberry
bajoue (f)	*gorge* (porc)	jowl (pork)
baloné* (m)	saucisson de Bologne	bologna
barre*, palette* de chocolat (f)	tablette de chocolat	chocolate bar
bec sucré (m)	qn qui aime les sucreries	person with a sweet tooth
beigne (m)	*sorte de beignet*	doughnut
beignerie (f)	restaurant où ou fabrique et vend des beignes	doughnut shop
beignet (m)	petit beigne	small type of doughnut
bette* (f)	betterave	beet
beurre d'érable (m)	*pâte faite avec du sirop d'érable*	maple butter
beurrée (f)	tartine; *ce qu'on étend sur du pain, etc.*	*bread and butter, bread and jam; spread*
beurrer	tartiner	to spread
binnes*, fèves au lard (f, pl)	*haricots au four*	pork 'n' beans, beans with pork
biscuits soda (m, pl)	*craquelins*	soda biscuits
blé d'Inde* (m)	maïs	corn

Québec	France/Québec	
bleuet, bluet* (m)	*variété de myrtille*	blueberry
prendre une bouchée	manger un morceau	to have a bite to eat
brunch (m)	*repas servi entre onze heures et deux heures, surtout le dimanche*	*brunch*
cachou* (m)	cajou	cashew
cannages* (m, pl)	conserves	preserves
canneberge (voir ataca)		
céréales (f, pl)	*porridge,* corn flakes, etc.	cereal (hot, cold), flakes (corn, etc.)
cerises de France (f, pl)	grosses cerises, *bigarreaux*	large red cherries
cerises à grappes	cerises sauvages de Virginie	chokecherries
chargeant*	lourd	heavy, hard to digest
cheddar (m)	*nom d'un fromage canadien*	cheddar
chiard* (m)	viande hachée; mangeaille	ground meat; grub
cipaille, cipâte (m)	*sortes de pâtés de viande canadiens*	types of meat pie (meat and vegetables)
clamme* (f)	palourde	clam
clennedak*, kiss*, klondyke* (m), tire* (f)	*papillotte de sirop de sucre*	taffy cone; candy kiss
coke (m)	*coca*	Coke
cole-slaw* (m), salade de chou (f)	*salade de chou cru*	coleslaw
cornet (m) (de crème glacée)	*glace*	(ice cream) cone
côte (f)	*carré raccourci (veau)*	rib (veal)
côte d'aloyau (f)	*sorte de contre-filet*	wing steak
côtes levées (voir spareribs)		
coton* (m)	fane; tige	husk (of corn); sprout (of potatoes)
crémer*	glacer	to ice

Québec	France/Québec	
crémage* (m)	*glace*, glaçage	icing
crème de blé (f)	*semoule*	cream of wheat
crème à (la) glace*, crème glacée (f)	*glace*	ice cream
crème glacée molle	*glace plus molle que la glace ordinaire*	*soft ice cream*
cretons (m, pl)	*sorte de rillettes*	potted minced of pork drippings
croquignole (f)	*sorte de beignet cuit dans de la graisse*	homemade French-Canadian doughnut cooked in shortening
crosse (voir tête)		
croupe (f)	*entame de romsteck*	rump (beef)
croustilles (f, pl)	chips	(potato) chips
cuisinette (f)	petite cuisine, kitchenette	kitchenette
débiter*	dépecer	to cut up (a bird)
manger comme un défoncé	. . . comme quatre	to eat like a horse
déjeuner (m)	petit déjeuner	breakfast
déjeuner	prendre le petit déjeuner	to have breakfast
dîner (m)	déjeuner	lunch, dinner
dîner	déjeuner	to have lunch, to have dinner (noon hour)
dîner (d'hommes) d'affaires	*déjeuner à un prix spécial*	businessmen's luncheon
doigt-de-dame (m)	*biscuit à la cuiller*	ladyfinger
draffe*, draft*, bière en fût (f)	*pression, demi*	draught (beer)
écaille* (f)	coquille (noix)	shell (nut)
écailler*	casser (noix)	to shell (nuts)
échalotte (f)	*sorte d'oignon vert*	green onion
enfirouâper qch	s'empiffrer de qch	to gobble sth down, stuff oneself with sth

Québec	France/Québec	
épaule (f)	*macreuse*	shoulder (beef)
épiceries (f, pl)	provisions	groceries
faire son épicerie	faire son marché	to go grocery shopping
éplure*, épluchure* (f)	pelure	peeling
essence* (f), goût (m), saveur (f)	parfum	flavour
tarte à la farlouche, à la ferluche, à la pichoune (f)	*tarte faite de mélasse, de farine et de raisins secs*	French-Canadian pie made of raisins, flour and molasses
faux-filet (m)	*dessus de côtes*	rib eye
fesse* d'agneau; fesse* de porc; fesse* de veau (f)	gigot d'agneau; jambon; quartier de veau	leg of lamb; ham; haunch of veal
fève (voir binne)		
fève (f)	haricot	bean
fèves jaunes*, petites fèves*	haricots jaunes	wax beans
fèves de Lima	haricots de Lima	Lima beans
fèves rouges	haricots rouges	kidney beans
fèves soya	*graines de soya*	soybeans
fèves vertes*	haricots verts	green beans
flanc (m)	*poitrine; tendron* (veau); *flanchet* (boeuf); *filet* (agneau)	flank (pork; veal; beef; lamb)
forçure* (f)	fressure; foie	pluck; liver
fouet* (m), savate* (f)	bâton (de réglisse)	(licorice) stick
fricot* (m)	festin	feast
fromage cottage (m)	*fromage de lait caillé, de maison*	cottage cheese
fromage en grains	*fromage égoutté non pressé*	curd cheese, curds
fruitages (m, pl)	fruits (des champs)	wild berries
fût (voir draffe)		

Québec	France/Québec	
gadelle rouge (guédelle rouge*) (f)	*sorte de groseille rouge*	redcurrant
gadelle noire*	cassis	blackcurrant
gâteau des anges (m)	*sorte de gâteau de Savoie*	angel cake
gâteau aux fruits	*cake*	fruitcake
gaudriole (f)	*mélange d'avoine et de pois (surtout pour le bétail)*	mixture of oatmeal and peas (mainly for livestock)
gibelotte* (f)	ragoût de poisson; mangeaille	fish stew; grub
ginger-ale (f)	*boisson gazeuse au gingembre*	ginger ale
gomme (à mâcher)	*chewing-gum*	(chewing) gum
gomme balloune* (f)	*bubble-gum*	bubble gum
gorlot* (m), garnotte* (f)	*petite pomme de terre en forme de grelot*	small round potato
goudille*, godille* (f)	*petit pain de hot-dog servi avec de la salade de chou cru*	hot dog bun served with coleslaw
gourgane (f)	*sorte de fève*; bajoue de porc fumé	type of bean; smoked pork chop
goût (voir essence)		
goûter quelque chose, goûter bon	avoir le goût de qch, avoir bon goût	to taste of sth, to taste good
grand-père (m)	*boulette de pâte*	dumpling
granola	fanatique de régimes naturels	health food nut
grévé* (m)	jus, sauce	gravy
grillade (f)	*tranche de petit salé grillé*	piece of fried salt pork
gruau (m), soupane* (f)	*porridge*	porridge, hot cereal
guédelle (voir gadelle)		
guernaille*, tiraille*, tirasse* (f)	tendon, tirant	gristle
hambourgeois (m)	hamburger	hamburger
instantané (café, etc.)	soluble	instant (coffee, etc.)

Québec	France/Québec	
jambonneau (m)	jambon	shank (pork)
jarret (m)	*crosse; jambonneau*	shank (beef, pork); hock, shank (pork)
Jell-O (m)	*dessert à base de gélatine*	Jell-O
jujube (m)	*pâte de fruits*	jujube, gumdrop
julienne (f)	*frite longue et mince*	shoestring potato
(lait) deux pour cent (m)	*lait partiellement écrémé*	2% (milk)
lait écrémé	*lait écrémé*	skim milk
lait homogénéisé	lait entier	homogenized milk
lard salé	*petit salé*	salt pork
liqueur (douce) (f)	eau gazeuse, *boisson gazeuse*	soft drink, pop
limonade (f)	*citron pressé*	lemonade
longe (f)	*côtes* (porc); *côtelettes*	loin (pork; lamb)
lunch* (m)	déjeuner	lunch
luncher*	déjeuner; bouffer	to have lunch; to eat, have some grub
mâchée (de gomme) (f)	*ce que l'on mâche*	chew, gob (of gum)
mâchemâlo*, marshmallow* (m)	guimauve	marshmallow
marinades (f, pl)	*pickles*	sweet mixed pickles
médium*	à point	medium
mélange à gâteau (m)	*prêt à cuire, tout prêt*	cake mix
Menum menum!	Miam-miam!	Yum, yum!
mordée* (f)	morsure; bouchée	bite; mouthful
motton* (m)	grumeau, granule	lump (in cereal, etc.)
nanane(s), nénane(s) (m)	bonbon(s); *nanan*	candy (candies); goodies
nectarine (f)	*brugnon*	nectarine

Québec	France/Québec	
nombril de pâte*, trou de pâte (m)	*sorte de beignet*	doughnut hole
oeuf frit*	*oeuf sur le plat*	fried egg
oreille de christ* (f)	lardon servi surtout au temps des sucres	fried larding bacon (served especially at maple syrup time)
un pain	*du pain de mie*	loaf of bread
pain blanc, pain tranché	*pain de mie*	white bread
pain de blé concassé	pain partiellement complet	cracked wheat
pain de blé entier	pain complet, *sorte de pain de campagne*	brown bread, whole wheat bread
pain brun	*pain bis*	dark bread, brown bread
pain doré	*pain perdu*	French toast
palette* (f) (voir barre)	morceau, tranche	stick (of gum)
fève en palette*	haricot en cosse	bean in husk
rôti de palette	*entrecôtes découvertes*	blade roast
paparmane* (f)	bonbon à la menthe	peppermint
patate* (f)	pomme de terre	potato
patates bouillies*	*pommes de terre à l'anglaise, à l'eau*	boiled potatoes
patates au four*, en chemise*	pommes de terre au four	baked potatoes
patates frites*	frites	French fries
patates au gratin*	gratin de pommes de terre	scalloped potatoes
patates jaunes	*pommes de terre cuites dans la graisse de porc*	potatoes cooked in pork fat
patates pilées*	purée (de pommes de terre)	mashed potatoes
patates rôties*, patates *fricassées*	*pommes de terre frites dans la poêle*	fried potatoes
patates sucrées*	patates (douces)	sweet potatoes
pâté (aux bleuets, etc.) (m)	*petite pâtisserie aux confitures* tart	

Québec	France/Québec	
pâté chinois (m)	*sorte de hachis parmentier*	shepherd's pie
pâtisseries françaises (f)	*pâtisseries assorties*	French pastries
pécane* (m, f)	pacane	pecan
piger à même le plat	*taper dans le plat*	to take food from a common bowl, etc.
pigrasser*, picosser*	manger du bout des dents	to pick at one's food
pinotte* (voir arachide)		
plorine (f)	*sorte de pâté de porc*	type of pork pie
plumer*, pleumer*	peler, éplucher	to peel
pointe de poitrine (f)	*gros bout de poitrine*	brisket (beef)
pointe de surlonge (f)	*flanchet, tranche grasse*	sirloin tip
pois verts* (m, pl)	petits pois	green peas
poitrine (f)	tendron	plate (beef)
ponce (f)	*grog*	toddy
popsakeule*, Popsicle* (m)	*sucette aux boissons gazeuses*	Popsicle
(sucre) en poudre	*sucre glace*	icing sugar
poudre à pâte (f)	levure (d'Alsace)	baking powder
poutine* (f)	pouding; frites avec fromage et sauce	pudding; French fries with cheese and gravy
prune séchée (f)	pruneau	prune
racinette (f)	*sorte de boisson gazéifiée*	root beer
ragoût de boulettes (m)	*ragoût aux boulettes de porc*	meatball stew
ragoût de pattes	*ragoût aux pattes de cochon*	French-Canadian pigs' feet stew
réduit (m)	*sirop d'érable léger*	thin maple syrup
reliche*, relish* (m, f)	*sorte de condiment*	relish
ronde (f)	*gîte à la noix*	round (of beef), round steak

Québec	France/Québec	
rôtie, toast*, tôsse* (f)	pain grillé, *toast (m)*	piece of toast
safre*	glouton	glutton
salade* (f)	laitue	lettuce
sandwich* (f)	sandwich (m)	sandwich
de la saucisse	des saucisses	sausages
savate (voir fouet)		
saveur (voir essence)		
shortening* (m)	graisse alimentaire	shortening
siphonner*	siroter	to sip
smoked meat* (m), viande fumée* (f)	boeuf fumé	smoked meat
soda à pâte (m)	*bicarbonate de soude*	baking soda
soda glacé	*soda additionné de glace*	float
soupane (voir gruau)		
souper (m)	dîner	supper
souper	dîner	to have supper, to have dinner (evening)
du spaghetti	*des spaghettis*	spaghetti
spareribs*, côtes levées (f, pl)	*côtes découvertes*	spareribs
steak haché	boeuf haché	ground steak
sucée* (f)	petit coup, petite gorgée	sip
suçon (m)	*sucette*	sucker, lollipop
sucrages (m, pl)	sucreries	goodies, candies
sucre à la crème	*bonbon fait de sucre et de crème*	homemade candy, toffee
sucre du pays	sucre d'érable	maple syrup
surette (f)	*bonbon acidulé*	lemon drop, sour candy
surlonge (f)	*romsteck*	sirloin

Québec	France/Québec	
talon de ronde (m)	*nerveux de gîte à la noix*	heel of round (beef)
tarte au sucre (f)	*tarte faite de cassonade, de crème, de pâte à tarte et de noix*	French-Canadian sugar pie
tête fromagée (f)	*fromage de tête*	headcheese
tête de violon*, crosse de fougère (f)	*type de fougère (de Nouvelle-Écosse)*	fiddlehead
tiraille (voir guernaille)		
tire (f) (voir clennedak)	*sirop de sucre*	pull-candy, taffy, molasses candy
tire sur la neige	*"tire" faite sur la neige*	maple taffy (on the snow)
toast melba (m)	*biscotte melba*	melba toast
toque* (de tire) (f)	morceau, bout . . .	* piece, lump (of taffy)
tôsse (voir rôtie)		
tourtière (f)	*pâté à la viande ou au gibier typique du Canada français*	French-Canadian meat or game (Saguenay area) pie
trancher	couper en tranches	to slice
trempette (f)	*morceau de pain et de sirop d'érable*	piece of bread soaked in maple syrup
vinaigrette au fromage bleu (f)	vinaigrette au roquefort	blue cheese salad dressing
vinaigrette française	*sorte de vinaigrette*	French dressing

Boisson (Drinking)

allumé	éméché	a bit tipsy
baboche, baglosse, bagosse (f)	*boisson de fabrication clandestine*, tord-boyaux	moonshine (usually whisky), hooch
balloune (voir partir)		
biberon (m)	*soûlard*	drunk
biéreux, euse	*qui aime boire de la bière*	a beer drinker

Québec	France/Québec	
avoir le bloc, le mal de bloc	avoir la gueule de bois, mal aux cheveux	to have a hangover
boisson* (f)	boisson alcoolique	drink (alcoholic)
être en boisson	être rond, plein	to be sloshed
saoul comme une botte	soûl comme un cochon	dead drunk
brosser	*biberonner*	to hit the bottle
brosseur (m)	ivrogne, *poivrot*	drunkard
prendre une brosse, partir sur une (la) brosse, être sur la brosse, être en brosse, aller sur la brosse	s'enivrer, *prendre une cuite*	to get drunk, to go on a binge
broue (f)	*mousse*; bière	foam, froth (on beer); brew
buverie (f)	saoulerie	binge
caler (une bière)	vider d'un trait	to down (a beer)
calvabec (m)	eau-de-vie de pomme	apple liqueur
se mouiller le canadien, le canayen	se rincer la dalle	to wet one's whistle
caribou (m)	*boisson canadienne* (*vin et alcool pur*)	caribou (wine and pure alcohol)
chaud	ivre, gai	drunk, high
chaudaille, chaudasse, chaudet, chaudette*, chautasse*	éméché	tipsy
collet (m)	*faux-col*	head (beer)
coquetel* (m)	cocktail	cocktail
prendre un coup	*prendre un pot; picoler*	to have a drink; to like the bottle, like drinking
se dégommer*, se dépacter*	se dessoûler	to sober up
se déranger	*se cuiter*	to get smashed, loaded
épaules carrées* (f, pl)	*sorte de bouteille de gin*	type of gin bottle

Québec	France/Québec	
alcool en esprit (m)	alcool à 90 degrés, *casse-gueule*	spirit alcohol, alcool
Il est feeling.	*Il est pompette.*	He's tipsy.
être en fête, être parti en fête	*être pompette*	to be loaded
partir en fête, fêter	*biberonner*	to hit the bottle
flasque (voir un 12 onces)		
en forme	gris	tipsy
fort (m)	*liqueur*	hard liquor
fringue (f)	soûlerie	binge
être en fringue	*batifoler; être paf*	to frolic about; to be sloshed
fripé	*qui a la gueule de bois;* amoché	hung over; a mess
froid (bière froide)	frais (bière fraîche)	cold (cold beer)
gazé	parti; drogué	loaded; stoned
gommé	gris, *paf*	sloshed
se mouiller le gorgoton	se rincer le gosier	to wet one's whistle
gros gin (m)	*sorte de genièvre*	Dutch gin
une grosse	*une grande bouteille de bière*	a large bottle of beer, a quart
être Jeanne d'Arc	être au régime sec (femmes)	to be on the wagon (woman)
joyeux, euse	*pompette*	tipsy
être Lacordaire	être au régime sec (hommes)	to be on the wagon (men)
le lendemain de la veille	*un lendemain de cuite*	the morning after the night before
se rincer la luette	se rincer la dalle	to wet one's whistle
mix* (m)	*mélange*	mix (for drinks)
molle (f)	bière fabriquée par Molson	Ex

Québec	France/Québec	
morts (m, pl)	*cadavres*	empties
mouiller ça	arroser ça	to drink to that
nocer	faire la noce	to booze it up
pacté, paqueté (noir, aux as)	rond comme un oeuf	plastered
se pacter (le beigne, la fraise)	s'arroser la dalle	to get plastered
parti pour la gloire	soûl, gris	gone, out of it
partir sur une balloune, prendre une balloune, virer une balloune, être sur la balloune, être en balloune	*prendre une biture*	to get loaded, go on a bender
partir sur une fripe	lever le coude	to get plastered
petit blanc (m)	petit verre d'alcool, coup; *gnôle*, alcool pur (surtout fait à la maison)	shot (of alcohol); hooch, fire water, pure alcohol (usually homemade)
une petite	*petite bouteille de bière*	pint (small bottle of beer)
plein (comme un oeuf, comme un siau)	rond (comme un oeuf)	sloshed (to the gills)
se poncer	*prendre une cuite*	to get sloshed
réchauffé	gris	loaded
relever d'une brosse	dessoûler	to sober up
en revirer une	lever le coude	to get plastered
se rincer le dalot	se rincer la dalle	to wet one's whistle
ripe (f)	*bombe*, partie de plaisir	binge, rip
ripompette	*pompette*, éméché	tipsy
robine (f)	*alcool méthylique*; tord-boyaux, mauvaise boisson	rubbing alcohol; cheap liquor, rotgut, hooch, rubby
robiner	*cuiter*	to be a drunk, a lush
robineux (m)	*poivrot*, clochard	drunk, wino, rubby
ronde* (f)	tournée	round (of drinks)

Québec	France/Québec	
shot* (m, f)	coup	shot
soûlade (f)	soûlerie, *cuite*	binge, spree
soûlon, soûlonne	soûlard, soûlaud	drunkard
straight*	nature	straight (drink)
sentir la tonne*, le fond de tonne*	avoir une odeur d'alcool	to smell of liquor
vide (m)	verre, bouteille vide	empty (bottle, glass)
en virer une (voir revirer)	*prendre une cuite*	to get sloshed
whisky blanc (m)	*gnôle, alcool pur*	alcool
un 12 onces, un flasque, une flasse*, un (petit) mickey*	demi-bouteille d'alcool ou de vin	a mickey, a 12-ouncer
un 26 onces	bouteille de 26 onces	a 26-ouncer, a twenty-sixer

Dans la cuisine (In the Kitchen)

armoire (f)	placard	(built-in) cupboard
blendeur, mélangeur (m)	*mixeur*	blender
boîte à lunch (f)	*gamelle*	lunch pail
bombe* (f), canard* (m)	bouilloire	kettle
bouteille* (f)	biberon	feeding bottle, baby bottle
braoule (f)	grosse cuillère	big spoon, ladle
Prends ta braoule!	Mange comme un cochon!	Shovel it down!
cabaret* (m)	plateau	tray
chaudron* (m)	casserole	pot
chaudronne* (f)	petit chaudron	small pot (for soup, etc.)
cocotier* (m)	coquetier	egg cup
comptoir (m)	*plan de travail*	counter, counter top
couloir* (m), passe* (f)	tamis	strainer
coutellerie (f)	couteaux, fourchettes, cuillers; couvert	cutlery, utensils

Québec	France/Québec	
cuillère à thé (f)	*cuillère à café*, petite cuillère	teaspoon
cuillère à table	*cuillère à soupe*	tablespoon
fourneau (m)	four	oven
hache*, tranche* (f)	couperet	meat chopper
laine d'acier (f)	*paille de fer*	steel wool
linge (m)	lavette; torchon	dishcloth; dishtowel
malaxeur (m), mixette* (f)	mixeur	Mixmaster
mélangeur (voir blendeur)		
moulin à viande* (m)	hachoir	meat grinder
napkin*, napquine* (f)	serviette	napkin, serviette
nettoyeur* (m)	nettoyant, récurant	cleaner
papier ciré (m)	*papier paraffiné*	wax paper
pilon à patates* (m)	presse-purée	potato masher
plat à vaisselle (m)	bassine à vaisselle	dishpan
poêle* (m)	cuisinière	stove, range
poêlon* (m)	poêle	frying pan
presto* (m)	cocotte minute	pressure cooker
renverser (l'eau renverse)	déborder	to boil over
rond (m)	foyer, feu	(stove) element
rouleau à pâte (m)	*rouleau à pâtisserie*	rolling pin
soucoupée (f)	*contenu d'une soucoupe*	saucerful
suce (f)	*sucette*, tétine	(baby) pacifier, nipple

Au restaurant (At a Restaurant)

breuvage* (m)	*boisson non alcoolique servie avec les repas*	beverage
cafétéria (f)	restaurant où l'on se sert soi-même	cafeteria

Québec	France/Québec	
cantine mobile (f)	*camionnette servant de restaurant mobile*	coffee truck
club sandwich (m)	*sandwich au poulet, à la laitue, au bacon et aux tomates*	club sandwich
facture* (f)	addition	bill
menu (m)	carte	menu
tarte à la mode (f)	*tarte avec glace*	pie à la mode
une patate*	une commande de frites	an order of French fries, a fry
plain*, pléne* (sandwich)	pas grillé	plain (sandwich)
reliche-moutarde*	*avec du condiment et de la moutarde*	with mustard and relish
spécial (du jour)* (m)	plat du jour	(the day's) special
(hot-dog) stimé*	(hot-dog) vapeur	steamed (hot dog)
tip* (m)	pourboire	tip
tipper* qn	donner un pourboire à qn	to tip
toaster*	griller	to toast (sandwich, etc.)

Date, heure, temps
(Date, Hour, Expressions of Time)

Québec	France/Québec	
à chaque fois*, à tous les jours*, etc.	chaque fois, tous les jours	every time, day, etc.
dans l'ancien temps	dans le bon vieux temps	in the good old days
asteur*, asteure*, à c't'heure*	actuellement, maintenant	now, nowadays
les jeunes d'asteur*	la jeunesse actuelle	the youth of today
aujourd'hui pour demain*	d'un moment à l'autre	at any time
un autre dix minutes, deux heures*, etc.	encore dix minutes, deux heures, etc.	another ten minutes, two hours, etc.
d'avance* (chemin d'avance, personne d'avance)	vif, rapide	fast (road, person)
avant-midi (m, f)	matinée, matin	morning, forenoon
dans l'avant-midi	avant midi	before noon
avoir de l'avant*, prendre de l'avant*, être en avant*	avancer	to be fast (watch)
en balle	à fond de train	like a shot, like a bullet
betôt*	bientôt	soon, in a jiffy
bretteux*	musard	dawdler
cadran* (m)	réveille-matin	alarm clock
cancellation* (f)	annulation	cancellation
canceller*	décommander, annuler	to cancel
cédule* (f)	horaire, programme, emploi du temps	schedule
cédulé*	prévu, fixé	scheduled
à coeur de jour	toute la journée, à longueur de journée	all day long
au plus coupant	au plus vite	in a flash
correct	juste	on time, right (watch)

39

Québec	France/Québec	
dans le cours de	dans le courant de	in the course of
en criant ciseau, en criant lapin	en un clin d'oeil	in nothing flat, in a jiffy
à date*	à ce jour	up to now, up to date
de suite*	tout de suite	immediately, right away
le lundi d'ensuite*	le lundi suivant	the next Monday
escousse, secousse (f)	période	period (of time), spell
une bonne escousse	un certain temps	quite a while, quite a spell
par escousses	de temps en temps	from time to time
Il est huit heures et cinq.*	Il est huit heures cinq.	It's five past eight.
fin de semaine (f)	week-end	weekend
en fin de semaine	ce week-end	last weekend; next weekend
focailler, foquailler	perdre son temps, musarder, ne rien foutre	to waste one's time, horse around
aller foulepine*	. . . le plus vite possible, à toute pompe	to go full out
être en frais de*	être en train de	to be in the process of . . .
d'une fripe (frippe), sur une fripe	rapidement, sans traîner	in nothing flat
heure avancée		Daylight Saving Time
heure normale		Standard Time
plus de bonne heure*	plus tôt	earlier
trop de bonne heure	de trop bonne heure	too early
aux petites heures	très tôt le matin	in the wee hours of the morning
horloge grand-père (m)	*horloge de parquet, franc-comtoise*	grandfather clock
à l'année longue, à la journée longue	à longueur d'année, de journée	all year, all day long

Québec	France/Québec	
à matin*, à soir*	ce matin, ce soir	this morning, tonight, this evening
hier au matin*, hier au soir*	hier matin, hier soir	yesterday morning, yesterday evening, last night
matineux, euse	matinal	early riser
ce midi	à midi	at noon (today)
mais que*	dès que; lorsque	as soon as; when
ça fait (toute) une mèche que*	*ça fait un bail que*	it's been (quite) a while since
partir en joual vert	partir comme une flèche	to go off like a shot
partir rien que sur une pinouche	partir comme une flèche	to take off like a shot
trois ans passés (je m'amusais)	il y a trois ans	three years ago (I was having a good time.)
pendant une heure passée*	pendant plus d'une heure	for over an hour
être dans une mauvaise passe	avoir une mauvaise passe, filer un mauvais coton	to go through a rough time
Il passe sept heures.*	Il est sept heures passées.	It's after seven o'clock.
patate, montre patate (f)	*toquante*	bum watch
à planche*	à toute vitesse	full out, at top speed
avoir la presse*	être pressé	to be in a rush
Il n'y a pas de presse*.	Il n'y a rien d'urgent.	There's no hurry, no rush.
quand et*	en même temps que	at the same time as
avoir du retard*, prendre du retard*	retarder	to be slow (watch)
au plus sacrant*	au plus vite	as quickly as possible
secousse (voir escousse)		
t'à-l'heure*	tout à l'heure	in a while, a while ago
tantôt	tout à l'heure	a little while ago; in a while

Québec	France/Québec	
jusqu'à temps que*	jusqu'à ce que	until
sauver du temps*	gagner du temps	to save time
dans le temps comme dans le temps	en temps et lieu	when the time comes
sur un petit temps*, sur un vrai temps*	en un rien de temps	fast, in no time
par le temps que* . . .	avant que . . .	by the time . . .
Ça ne prendra pas goût de tinette.*	Ça ne prendra pas de temps.	It won't take long. It'll happen before you know it.
tranquillement (pas vite)*	doucement, mollement	slow (and easy)
vite (adj)	rapide, vif	fast, quick
vitement* (viens vitement!)	vite, immédiatement	quick, right away

École (School)

Québec	France/Québec	
accélérer	sauter une classe	to accelerate
accélération (f)	*le fait de sauter une classe*	acceleration
annuaire (m), calendrier (m)	*bulletin, livret*	calendar (university)
autobus d'écoliers, autobus scolaire (m)	*transport d'enfants, ramassage*	school bus
B.A. (m) (baccalauréat)	*licence*	B.A.
B.A. de spécialisation, spécialisé	*licence de quatre ans*	Honours B.A.
B.A. de trois ans	*licence de trois ans*	General, Pass B.A.
bloquer, caler, couler (un examen)	être collé à un examen	to flunk (an exam)
brevet (A,B) (m)	*dîplôme attestant que son titulaire a le droit d'enseigner*	(Type A,B) certificate for teaching
carabin* (m)	étudiant	university student
casier (m)	coffre, armoire	locker
CEGEP (Collège d'enseignement général et professionnel) (m)	*école polyvalente qui dispense un enseignement préuniversitaire ou technique, en deux ou trois années*	junior college in Quebec that precedes university or technical schools, CEGEP
cégépien	étudiant au niveau du CEGEP	CEGEP student
centre d'apprentissage (en construction, etc.) (m)	*école d'enseignement pratique de certains métiers*	training school, school of apprenticeship
chargé de cours (m)	*assistant*; professeur à temps partiel	lecturer; sessional lecturer
chauffer	bûcher	to cram (for an exam)
classe enrichie (f)	classe avancée	advanced, enriched class
classe-degré, classe du programme (f)	classe	class, form, section (grade 10A, 10B, etc.)
cloche (f)	sonnerie	bell

43

Québec	**France/Québec**	
collation des grades, graduation* (f)	*fête des promotions*	graduation, commencement (ceremony)
collège (classique) (m)	*CEGEP sous l'ancien système*	former CEGEP and high school in Québec, classical college
collège des arts appliqués et de technologie	*école professionnelle*	college of applied arts and technology
collégial (secondaire supérieur)	du niveau du CEGEP	the CEGEP level in Quebec
commissaire (conseiller) régional (m)	*membre de la "Régionale"*	regional trustee (Quebec)
commissaire (conseiller) scolaire	*sorte d'officier municipal*	trustee; commissioner
commission (conseil) scolaire régional(e), régionale (f)	*corps public électif qui administre l'enseignement secondaire dans une "région" donnée*	elected board that administers high schools in each of the school regions of Quebec; school board, board of education
confrère (m)	camarade de classe	classmate
conseil d'école (m), école des parents (f)	association des parents d'élèves	P.T.A.; Home and School
conseil des étudiants (m)	*assemblée des étudiants*	student council
conventum (m)	réunion d'anciens élèves	alumni meeting
copiage* (m)	plagiat	copying
cours par correspondance, cours d'éducation permanente (m)		correspondence courses, extension courses, adult education courses
C.P.E.S. (cours préparatoire aux études supérieures) (m)	*enseignement de transition (après la 11e année) qui n permet d'accéder à l'université ou au CEGEP*	make-up year for the CEGEP or university
crédit (m)	*unité de valeur, cours qui compte pour l'obtention d'un diplôme*	credit

Québec	France/Québec	
cycle (m) (études de 2e, 3e cycle, etc.)	*série d'années au niveau primaire et secondaire*	division of grades in primary and secondary school (first "cycle" is first two years of high school)
décrocheur, euse	qui abandonne l'école	drop-out
demi-cours (m)	*cours d'un "demi-crédit"*	half course
département (m), interdépartemental		department, interdepartmental
dodger*, foxer*	faire l'école buissonnière, sécher un cours	to play hooky, skip a class
dodge* (f)	l'école buissonnière	playing hooky, truancy
dodgeur* (m)	élève qui sèche un cours	truant
école primaire, publique, élémentaire (f)	(école) primaire	primary, public, elementary school
école privée, confessionnelle, libre	*établissement dont l'administration ne relève pas d'un ministère*	private school
école secondaire (f), secondaire (m)	*lycée ou collège*	high school
petite école, école de village, de rang (f)	*école avec une seule salle de classe*	one-room school
école de métiers	école professionnelle (C.E.T.)	trade school
école moyenne d'agriculture	*école d'agronomie*	agricultural college, school of agriculture
école de réforme*	maison de redressement	reform school
école séparée	*école libre*	separate school
éducation pour adultes (f)	enseignement aux adultes	adult education
études graduées* (f)	études supérieures	graduate studies
examen général (m)	*un des examens du doctorat, du B.A., etc.*	*comprehensive exam* (Ph.D., B.A., etc.)
examen de reprise	*examen de repêchage*	supplemental exam
Faculté des Arts (f)	faculté des lettres	Faculty of Arts

Québec	France/Québec	
faillir*, foirer*	échouer	to fail, flunk
finissant (m)	élève de fin d'études, *diplômable*, diplômé	graduating student
foxer (voir dodger)		
garderie (f)	*crèche*	day care
gradué* (m)	diplômé	graduate
postgradué*	supérieur	postgraduate
sous-gradué*	au niveau du "B.A."	undergraduate
école des gradués*, école des études supérieures	*direction administrative des hautes études*	graduate school
humanités (f, pl)	sciences humaines	humanities
immatriculation (f)	*baccalauréat*	senior matriculation
institut de technologie (cours technique) (m)	*lycée technique; institut universitaire de technologie*	institute of technology
institut spécialisé (arts appliqués, etc.)	*grandes écoles*	specialized technical institute (applied arts, etc.)
intramural*	entre facultés	intramural
leçon privée* (f)	*leçon particulière*	private lesson
licence (f)	*à peu près l'équivalent de la maîtrise*	an approximate equivalent of the M.A.
local-classe, classe titulaire (f)	*salle de classe où les mêmes étudiants se retrouvent assez souvent*	home room
maison d'enseignement (f)	établissement	educational institution
maîtrise ès Arts, M.A. (f), deuxième cycle (m)	maîtrise	Master of Arts, M.A.
majeur*, mineur* (m)	matières de spécialisation	major, minor
municipalité scolaire, régionale (f)	*territoire d'une "commission scolaire"*	school district
navot (m)	*bizut*	freshman, frosh

Québec	France/Québec	
passer*	réussir	to pass
Ph.D., troisième cycle (m)	doctorat	Ph.D.
Polytechnique (école polytechnique) (f)	*grandes écoles, école professionnelle*	polytechnical institute, school of engineering
polyvalente (f)	*établissement qui offre de nombreuses options (professionnelles et générales); lycée*	composite school (equivalent of high school in Quebec)
post-secondaire, secondaire supérieur	supérieur	postsecondary
prendre un cours*	suivre un cours	to take a course
prérequis*, préalable (m)	conditions préalables	prerequisite
principal (m)	directeur (école primaire), *proviseur* (lycée)	principal
professeur adjoint, professeur assistant (m)	un des quatre rangs de professeurs au niveau universitaire	assistant professor
professeur agrégé, professeur associé		associate professor
professeur titulaire		full professor; home room teacher (high school)
(année) propédeutique	*(année) préparatoire au "B.A."*	qualifying (year)
régistraire (m)	secrétaire	registrar
relevé de notes (m)	*copie des notes au niveau universitaire*	transcript
secondaire V (m)	classe terminale	fifth, last year of high school in Quebec
semestre* (m)	trimestre	semester
sénat (m)	*conseil de l'université*	senate
stagiaire (m)	maître de salle d'étude	T.A. (teaching assistant)
tuteur (m)	*maître d'étude*; conseiller	tutor; guidance counsellor

Québec	**France/Québec**	
vert* (m)	étudiant de première année, *bleu*	first year student
visiteur* (m)	inspecteur	inspector

La ferme (The Farm)

Québec	France/Québec	
abatis, abattis (m)	*terre défrichée mais non essouchée; branches mises en tas pour être brûlées*	partially cleared land; piled up branches ready to be burned
faire de l'abatis	abattre les arbres	to cut down trees, clear the land
anneuillère	*(vache) qui n'a pas eu de veau dans l'année*	dry (cow)
bacul (m)	palonnier	whippletree (for wagon, etc.)
barrure (f)	stalle	stall
batterie (f)	*aire*	(barn) floor
béle* (f)	balle (de foin)	bale
béleur* (m)	presse	baler
bottine (f)	gerbe	sheaf
faire boucherie	*abattre un animal chez soi*	to butcher
bouettasser	donner à manger, nourrir	to slop, feed
bouette, boétte* (f)	mangeaille, *pâtée*	slop (chop mixed with water)
(faire) bouillir	faire bouillir la sève d'érable	to boil (the sap)
braoule* (f)	pelle à fumier	manure shovel
brimbale (f)	perche	branch used to lift a pail from a well
cabane à sucre (f)	*bâtiment où se fait le sirop d'érable*	(sugar) shanty
circuit (m)	*terrain éloigné de la ferme*	back forty
clos (de pacage) (m)	pâturage, pré	(pasture) field
clôture de ligne (f)	*clôture séparant une ferme d'une autre*	line fence
combine* (f)	moissonneuse-batteuse	combine

Québec	France/Québec	
cordeaux (m, pl)	rênes; guides	reins; lines
cordon (m)	bout d'une terre	end of the farm
coulée (f)	*quantité de sève d'érable récoltée*	run (of sap)
dépierrer	enlever les pierres	to clear the stones
faire une donaison	donner sa ferme à un fils	to hand over the farm (to a son)
eau d'érable (f)	*sève d'érable (au printemps)*	maple sap
entailler	*faire une entaille à un érable, mettre une érablière en exploitation*	to tap
fourragère (f)	*machine qui fauche, hache et souffle les plantes d'ensilage*	forage harvester
fronteau, frontail (m)	*extrémité d'une ferme*	front end of the farm
gabourage (m)	*mélange de grains*	grain mixture used for fodder
gaudriole (f)	sorte de mouture	pig feed
goutterelle (f)	petit goulot	spout (for tapping trees)
grainerie (f)	grenier à blé	granary
gratter les vaches*	nettoyer l'écurie	to clean the stables
grobeur* (m)	herse	harrows
mettre en hivernement	rentrer pour l'hiver	to bring in for the winter (stock)
menoire (f), timon (m)	brancard, limon	shaft (of buggy, carriage)
montée (f)	chemin traversant une ferme	lane
moulée (f)	mouture	chop, feed
moulin à battre* (m)	batteuse	threshing machine
moulin à faucher*	faucheuse	(hay) mower
mulon (m), vailloche (f)	meulon, veillotte	(hay, straw) stack

Québec	France/Québec	
pagée (f)	*section d'une clôture*, barreau	rail
paire* (m)	pis de vache	(cow's) teat
pépine (f)	*partie arrière d'une bineuse*	back-hoe (on tractor)
portion (f)	picotin	ration of oats
râcler*	râteler	to rake (hay)
rallonge (f)	*annexe (d'une grange)*	lean, extra bent, addition (to a barn)
roulant (m)	*matériel d'exploitation et bétail*	implements and livestock
semences (f, pl)	semailles	sowing, seeding
semeuse (f)	semoir	seed drill
spanne*, team*, time* (f)	attelage	team
tasserie (f)	fenil, grenier	mow
taupin (m)	boeuf	cattle beast
taure* (f)	*génisse en âge d'être saillie*	young heifer
faire de la terre, faire du pays	défricher le sol	to clear the land
timon (voir menoire)		
tirer les vaches*	traire les vaches	to milk the cows
tocson	décorné	polled (cattle), mooley
trailer*, tréleur* (m), waguine*, ouagine* (f)	wagon de ferme	wagon
trécarré (m)	limite	(property) line
faire le train	soigner les animaux	to do the chores
voyage (de foin, etc.) (m)	*chargement, charretée*	load (of hay, etc.)

Fêtes et congés (Celebrations and Holidays)

Québec	France/Québec	
(jour de) l'Action de Grâces (f)	*jour férié (2e lundi d'octobre)*	Thanksgiving (Day)
Boxing Day*, Après-Noël (m)		Boxing Day
Congé civique (m)		civic holiday
fête (f)	anniversaire de naissance	birthday
bonne fête	joyeux anniversaire	happy birthday
les fêtes, (f, pl)	vacances de Noël, temps des fêtes	Christmas holidays
fête à la tire	*soirée où on fait le sirop de sucre*	sugar party
fêtailler, fêter, foirer	nocer, boire, s'amuser	to live it up, to drink, to have a good time
Fête de la Confédération (f), Jour du Canada (m)		Dominion Day, Canada Day
Fête de la Reine		Victoria Day
Fête du Travail		Labour Day
l'Hallowe'en (f)	*veille de la Toussaint*	Hallowe'en
Jour du Souvenir	*anniversaire de l'Armistice*	Remembrance Day
jubilaire (m)	*personne que l'on fête*	person in whose honour a party is held
longue fin de semaine (f)	long week-end	long weekend
lundi de Pâques (m)		Easter Monday
les Rois (m)	Épiphanie	Twelfth Day, Night
Saint-Jean-Baptiste (f), Fête nationale des Canadiens français, des Québécois (f)		St-Jean-Baptiste Day, French-Canadian, Quebec national holiday
valentin (m)	*carte pour la Saint-Valentin*	Valentine

Forces armées, police (Armed Forces, Police)

Québec	France/Québec	
boeuf, chien, dick (m)	flic, *poulet*	cop, fuzz
brigadier (m)	général de brigade	brigadier
cadet (m)	*élève-officier*	cadet
conscription (f)	service militaire	conscription
constable (m)	agent de police	constable
chef constable	*commissaire*	police chief
crosseur*, stool* (m)	mouchard	stool pigeon
Gendarmerie royale (G.R.C.) (f)	*police fédérale*	R.C.M.P.
major (m)	chef de bataillon	major
major général	général de division	major general
manège militaire (m)	*salle d'exercices militaires*	drill hall
matrone* (f)	femme policière	policewoman
une police	un flic	a cop
police montée*	police fédérale	mounted police
police provinciale (Sûreté du Québec)		provincial police (Quebec Provincial Police)

Géographie (Geography)

Québec	France/Québec	
allophone	*dont la langue maternelle n'est ni le français ni l'anglais*	s.o. whose native language is neither French nor English
anglo (m, f)	anglophone	anglo
barachois (m)	petit port naturel; banc de sable	small natural harbour; sandbar
le bas de la paroisse	*partie de la paroisse en aval du fleuve ou qui est plus basse par rapport à une autre partie*	the downstream part of a parish, or the lowest part
Bas-laurentien (m), Basse-laurentienne (f)	habitant du Bas-St-Laurent	Lower St. Lawrencer
basse ville (f), (Ottawa, Québec, etc.)	quartier situé dans la partie la plus basse d'une ville	lower town
Bleuet, Bleuette, Bluet, Bluette	*surnom pour un habitant du Saguenay-Lac-St-Jean*	nickname for s.o. from the Saguenay-Lac-St-Jean area (blueberry)
bloke*, moineau* (m), tête carrée* (f)	Canadien anglais (ironique ou péjoratif)	English Canadian (ironical or pejorative)
bout, boutte* (m)	endroit, quartier, coin	area, district, neighbourhood, place, part of the woods
dans le boutte*	dans les parages; dans le quartier	around here; in this part of town
Brayon	*résident du Madawaska*	someone from Madawaska, New Brunswick
Cajun (m), Cajinne (f)	*Acadien de la Louisiane*	Cajun
Campivalencien, ienne	habitant de Valleyfield	s.o. from Valleyfield
chenail (m)	chenal, passage	channel
chenaux (m, pl)	*passages étroits entre des îles*	small passages between islands

Québec	France/Québec	
Colombien, ienne	habitant de la Colombie-Britannique	British Columbian
crique* (f)	ruisseau	creek
décharge (f)	*rivière qui donne issue à un lac*	river that receives the overflow of a lake
descendre (à Montréal, etc.)	*aller dans la direction du St-Laurent, d'une rivière*	to go down (to Montreal, etc.)
à drette*	à droite	to the right
les États (m)	États-Unis	the States
étatsunien*	des États-Unis	American
faubourg à (la) mélasse* (m)	quartier pauvre, bidonville	slums, poor area
Fidéen, éenne	habitant de Sainte-Foy	s.o. from Ste-Foy
le Fleuve	le St-Laurent	St. Lawrence River
Français de France (m)	Français	French from France
maudit Français	terme de dénigrement pour un Français de France	derogatory term for s.o. from France
Franco-Albertain, -Américain, -Manitobain, -Ontarien, etc.		Franco-Albertan -American, -Manitoban, -Ontarian, etc.
Francoténois, oise	francophone des Territoires-du-Nord-ouest	francophone from the Northwest Territories
Fransasquois, oise Fransaskois, oise	francophone de la Saskatchewan	Franco-Saskatchewaner
Grandméraud, aude	habitant de Grand-Mère	s.o. from Grand-Mère
habitant (m)	colon; fermier	French pioneer, habitant; farmer
le haut de la paroisse	*partie de la paroisse en amont du fleuve ou partie la plus haute*	the upstream or highest part of a parish
le haut du village	*partie du village au-dessus de l'église par rapport au fleuve*	upper part of the village

Québec	France/Québec	
haute ville (f)	quartier situé dans la partie la plus haute d'une ville	upper town
Jarret noir	surnom pour un habitant de la Beauce	nickname for s.o. from the Beauce area
Jeannois	habitant du Lac St-Jean	s.o. from the Lake St. Jean area
Johannais, aise	habitant de Saint-Jean-sur-le-Richelieu	s.o. from St-Jean-sur-le-Richelieu
Laurentie (f) (laurentien)	le Québec, région du St-Laurent	Quebec, St. Lawrence area (Laurentian)
ligne (f), **chemin de ligne** (m)	*route séparant deux divisions*	county line, town line
les lignes* (f, pl)	frontière américaine	the border, the line
limite à bois* (f)	concession forestière	lumber concession
Louperivois, oise	habitant de Rivière-du-Loup	person from Rivière-du-Loup
République du Madawaska (f)	le nord du Nouveau-Brunswick	Northern New Brunswick
Madelinot, ote	habitant des Îles-de-la-Madeleine	Magdalen Islander
Magnymontois, oise	habitant de Montmagny	s.o. from Montmagny
être sur la mappe*	*être assez important (pour figurer sur la carte)*	to be on the map
Maskoutain, aine	habitant de Saint-Hyacinthe	person from St. Hyacinthe
Mauricien, ienne	habitant de la Mauricie	person from St. Maurice Valley
monter	*aller à l'inverse du cours du Saint-Laurent, remonter*	to go up (to Montreal, etc.)
Montréalais, aise	habitant de Montréal	Montrealer
Néo-Brunswickois, oise	habitant du Nouveau-Brunswick	New Brunswicker
Néo-Canadien, ienne	nouveau Canadien	New Canadian

Québec	France/Québec	
Néo-Écossais	habitant de la Nouvelle-Écosse	Nova Scotian
Nord-côtier, ière	habitant de la Côte-Nord	s.o. from the North Shore
Nouvel Ontario, Nouveau Québec	le nord de l'Ontario, du Québec	Northern Ontario, Northern Quebec
(Franco-) Ontarois, oise	Franco-Ontarien	Franco-Ontarian
Outaouais (m), Vallée de l'Outaouais (f)	l'ouest du Québec; région de la capitale nationale	West Quebec; Ottawa Valley
paroisse (f)	*municipalité rurale*	parish (rural municipality)
pays d'en haut (m, pl)	*région située au nord de Montréal, le Nord*	area north of Montreal, the North
piquer un travers*	prendre un raccourci	to take a short cut
Pistolois, oise	habitant de Trois-Pistoles	s.o. from Trois-Pistoles
place (Quelle belle place!)*	endroit, ville	place (What a beautiful place!)
planche*	plat	flat (land, etc.)
Prince-édouardien, ienne	habitant de l'Île-du-Prince-Édouard	Islander
québécitude (f)	*caractéristiques québécoises du Québec*	term used to describe the uniqueness of the Quebec society
rigolet* (m)	ruisselet	small stream
Royaume du Saguenay (Saguenéen)	région du Saguenay	Kingdom of the Saguenay (person from the Saguenay)
Saskatchewanais, aise	habitant de la Saskatchewan	Saskatchewaner
Silvifranc, Silvifranche	habitant des Bois-Francs	s.o. from the Eastern Townships
Trifluvien, ienne	habitant de Trois-Rivières	person from Three Rivers
la vielle capitale	*nom désignant la ville de Québec*	name for Quebec City
le vieux Montréal	*partie historique de Montréal*	Old Montreal

Québec	France/Québec	
les Vieux-Pays (m, pl)	*nom qui désigne la France ou l'Europe*	*the Old Country*
la Ville Reine	Toronto	Queen City (Toronto)

Abréviations / Abbreviations

Alb.	Alta.
C.-B.	B.C.
Î.-P.-É.	P.E.I.
Man.	Man.
N.-B.	N.B.
N.-É.	N.S.
Ont.	Ont.
Qc	Qc., P.Q.
Sask.	Sask.
T.-N.-O.	N.W.T.
T.-N.	Nfld.
Yn	Yuk.

Routes

C'est pas allable.*	C'est pas praticable.	You can't get through.
Arrêt	Stop	Stop (sign)
balise (f)	*indicateur*	roadside indicator
baliser	*tracer avec des indicateurs*	to mark
bordages, remparts (m, pl)	entassement de neige	snowbank (on side of road)
botteux, euse	plein de neige fondante	slushy
bourdignon*, bourdillon* (m)	*motte de terre gelée*	frozen lump on road
cahot (m)	bosse	bump (in road)
cahoteux, euse	raboteux	rough

Québec	France/Québec	
calvette* (f), ponceau	*caniveau pratiqué sous une route*	culvert
chemin (m) (Chemin de la Côte des Neiges)	boulevard	road
chemin du roi	*route nationale (la 132, anciennement la 2)*	King's Highway (132, old number 2)
chemin en corderoi*	*chemin fait de billes de bois*	corduroy road
côte (f)	rue (pas nécessairement en pente)	road, street (not necessarily sloped)
croche* (m)	virage	turn
croix du chemin (f)	*petit sanctuaire au bord de la route*	roadside cross, shrine
détour* (m)	déviation; virage	detour; turn
fourche (f)	bifurcation	fork (in road)
halte routière (f)	*aire de repos*	rest area
impassable; passable	impraticable; praticable	impassable; passable (road)
jetée (f)	*chaussée*	causeway
la Main*	grand-rue, rue principale d'une ville	the Main (St. Lawrence Blvd. in Montreal), any main street
moineau (voir bloke)		
montée (f)	chemin (pas nécessairement en pente)	road (not necessarily sloped)
passable (voir impassable)		
planche à laver, roulière, laveuse (f)	route cahoteuse	washboard (road)
ponté	pavé en bois (pont, etc.)	log-paved (bridge, etc.)
se raccourcir*	prendre un raccourci	to take a short cut
raccroc* (m)	virage	turn, sharp curve
rang (m)	chemin de campagne	concession, line

Québec	France/Québec	
roulière (voir planche à laver)		
route de gravelle*, de gravier, de gravois*	route de terre	gravel road
rue principale (f)	*grand-rue*	main street
habiter sur la rue . . .	habiter rue . . .	to live on . . . Street
tête carrée (voir bloke)		
chemin traînant, route traînante	*chemin d'hiver pour les traîneaux*	sleigh path, sleigh road
traverse d'animaux (f)	passage d'animaux	cattle, deer crossing
ventre-de-boeuf* (m)	dos d'âne	heaved section of the road

Gouvernement et élections (Government and Elections)

Québec   **France/Québec**

Partis politiques (Political Parties)

Québec	France/Québec	English
bleus (m, pl)		Tories
Crédit Social, Ralliement des créditistes (m)		Social Credit
créditiste (m)		Creditiste, Socred
créditisme (m)		Social Credit doctrine
fédéral (m), gouvernement fédéral (m)		federal government
Nouveau Parti Démocratique (NPD); néo-démocrate (m)		New Democratic Party (NDP); New Democrat, NDPer
oppositionniste (m)		member of the opposition
Parti (progressiste-) conservateur		(Progressive) Conservative Party
(progressiste) conservateur		Conservative
Parti libéral, libéral		Liberal Party, Liberal
Parti Québécois, P.Q.		Parti Québécois, P.Q.
péquiste		member or supporter of Parti Québécois
provincial, gouvernement provincial (m)		the province, provincial government
rouges (m, pl)		Grits
Union nationale (f)		Union nationale
unioniste		member or supporter of the Union nationale

Postes (Positions)

Québec	France/Québec	English
chef parlementaire, leader gouvernemental (m)	*porte-parole d'un parti*	parliamentary leader

Québec	France/Québec	
chef de cabinet (m)	*conseiller spécial du premier ministre, du maire*	secretary to the cabinet, executive assistant
commissaire (m)	*membre du comité exécutif*	controller (board of control)
échevin (m)	conseiller municipal	alderman
échevinage (m)		aldermanship
gentilhomme huissier de la verge noire (m)	*titre de la personne chargée de faire entrer les députés dans la Chambre*	Gentleman Usher of the Black Rod
gouverneur-général, vice-roi (m)		governor general
greffier de la ville (m)	*secrétaire général de la mairie*	city clerk
greffier de la chambre	*secrétaire général de la Chambre*	clerk of the House
légiste (aux Communes) (m)	greffier	law clerk in the House
lieutenant-gouverneur (m)		lieutenant governor
officier-rapporteur (m)	responsable des élections dans une circonscription donnée	returning officer
orateur*, président (m)	*speaker de la Chambre*	speaker (of the House)
orateur suppléant*, vice-président (m)		deputy speaker
Pères de la Confédération (m)	*membres fondateurs de la Confédération canadienne*	Fathers of Confederation
politicien (m)	homme politique	politician
préfet (m)	*"maire" d'un canton*	reeve
préfecture (f)	*poste de préfet*	reeveship
sous-préfet (m)		deputy reeve
premier ministre (m)	*premier ministre du "fédéral" ou des provinces*	prime minister, premier
premier secrétaire (m)	*conseiller spécial d'un ministre*	first secretary

Québec	**France/Québec**	
président (voir orateur)		
procureur général (m)	ministre de la justice	attorney general (of Canada)
receveur général du Canada (m)	*trésorier du gouvernement*	receiver general of Canada
secrétaire d'État (m)	*ministre de l'Intérieur*	secretary of state
secrétaire d'État adjoint		assistant under-secretary of state
secrétaire parlementaire (m)	*aide parlementaire*	parliamentary secretary
solliciteur général (m)	*homme de loi qui assiste le procureur général*	solicitor general
sous-ministre* (m)	*ministre adjoint*	deputy minister
sous-ministre adjoint*	*ministre adjoint auxiliaire*	assistant deputy minister
vérificateur général (m)	*commissaire aux comptes*	auditor general
vice-roi (voir gouverneur-général)		
whip (m)	*sorte de chef de file d'un parti*	whip

Divers (Miscellaneous)

Assemblée nationale (f)	*assemblée nationale du Québec*	Quebec National Assembly
baptistère* (m)	acte de naissance	birth certificate
barre de la chambre (f)	*verge symbolique pour l'ouverture du parlement*	bar of the House
bien-être social (m)	assistance sociale	welfare
être sur le bien-être	être assisté social	to be on welfare
bill* (m)	projet de loi	bill
bill privé* (m)	projet de loi provenant d'un seul député	private bill
livre blanc, vert, etc.	*publication gouvernementale qui donne des renseignements sur une politique éventuelle*	white, green paper, etc.

Québec	France/Québec	
bureau des commissaires, comité exécutif (m)	exécutif d'une ville	Board of Control
bureau de scrutin, bureau de votation* (m)	*bureau de vote*	poll
cabale (f)	porte-à-porte, activité politique	canvassing, political activity
cabaler	faire du porte-à-porte, faire de la politique	to canvass, to be involved in political action
canton (m), commune (f)	*division territoriale*	township
castor (m)	tartufe politique	two-faced politician
caucus (m)	*réunion de députés à huis clos* caucus	
chambre basse (f)	assemblée législative	lower house
chambre haute	sénat	upper house
Chambre des communes (f), Communes (f, pl)	*chambre des députés*	(federal) House of Commons, Commons
être en chambre	être dans la Chambre des communes	to be in the House
chefferie (f)	leadership	leadership
colline (parlementaire) (f)	emplacement du parlement	(Parliament) Hill
commune (voir canton)		
comté (m)	circonscription	riding
non-confiance, blâme (motion de, vote de)	motion de censure	(motion, vote of) non-confidence
convention de chefferie, de leadership (f)	*congrès d'investiture*	leadership convention
discours du budget (m)	*discours important donné à la présentation du budget*	budget speech
discours du trône (m)	*discours inaugural d'une session parlementaire*	Throne speech
d'état (dîner, funérailles)	officiel; national	state (dinner, funeral)
felquiste	membre du F.L.Q.	member of F.L.Q.

Québec	France/Québec	
travailler au gouvernement	être fonctionnaire	to work for the government
hansard (m)	*journal officiel des débats*	Hansard
homologuer	*empêcher la construction d'un édifice sur un terrain d'intérêt public*	to expropriate land, to rezone land
immigrant reçu	*immigrant qui jouit de certains droits sans être encore citoyen*	landed immigrant
indépendantisme (m); indépendantiste (m, f)	*doctrine politique pour l'indépendance du Québec; partisan de cette doctrine*	independentisme; independentist
lecture (d'un bill) (f)	*prise en considération d'un "bill"*	reading (of a bill)
législature (f)	gouvernement	legislature
mise en nomination (f)	*désignation*	nomination
Parlement, édifice parlementaire (m)	Hôtel du Gouvernement	Parliament, Parliament Buildings
partisanerie (f)	esprit de parti	party politics, partisan politics
passer* (une loi)	voter	to pass (a law)
patronage* (m)	favoritisme	patronage
patroneux*	*qui pratique le favoritisme*	influence peddler
payeur de taxes* (m)	contribuable	taxpayer
pension de vieillesse (f)	*retraite de vieillesse*	old age pension
péréquation (f)	*subventions fédérales pour égaliser les richesses des provinces*	equalization grants
période de questions (f)		question period (for Throne speech, etc.)
politicaillerie (f)	petite politique mesquine	petty politics
politique de bouts de chemin (f)	*politique qui consiste à acheter des votes en promettant de construire des*	policy of obtaining votes by promising to build roads, pork barreling

Québec	**France/Québec**	
	routes dans une circon-scription, électoralisme	
province (f)	*division administrative du Canada*	province
provincial; droits provinciaux		provincial; provincial rights
quartier (m)	*sorte d'arrondissement représenté par un échevin*	ward
être en session	être en séance, siéger	to be in session
société de la Couronne (f)	société d'État	Crown corporation
suiveux	partisan aveugle	yes man, hanger-on, hack
télégraphe (m)	votant illégal	illegal voter, telegraph
village policé (m)	*village ou ville sans "corporation"*	police village
vire-capot	renégat	turncoat, maverick
virer son capot (de bord)	retourner sa veste, virer de bord	to change sides, cross the floor
voteur (m)	votant	voter
vote populaire (m)	*vote national*	popular vote

Jeux et divertissements
(Games and Entertainment)

Québec	France/Québec	
accord (m)	mise	bet, kitty, pot
allée (f), bôlé* (m)	grosse bille	alley, large marble
arcade (f)	salle de jeux électroniques	arcade
bal à l'huile (m)	*sauterie où l'on apporte son propre alcool*	(informal) dance, house dance (bring your own booze)
se balanciner*, balanciller*	se balancer	to swing
balloune* (f)	ballon; bulle	balloon; soap bubble
donner la bascule à qn	*façon de fêter l'anniversaire de qn, faire un tape-cul à qn*	to give s.o. the bumps (for a birthday celebration, etc.)
bâton (m)	mauvaise carte	bad card, dog
bibite* (f), bonhomme* (m)	joker	joker
bingo (m)	*sorte de loto*	bingo
jeu de blocs (m)	*jeu de cubes*	blocks
bluff* (m)	poker	poker
bôlé (voir allée)		
Bonhomme Carnaval (m)	bonhomme de neige qui préside le Carnaval de Québec	Quebec carnival snowman
(petits) bonhommes* (m, pl)	dessins animés; bandes dessinées	cartoons; comics
bourzaille* (f)	cible, mille	bull's-eye
branche et branche, brinche à branche (m)	*sorte de jeu du chat*	run sheep run
brandy (m)	*sorte de danse folklorique*	the "brandy" (a dance)
brasse (f)	donne; main	deal; hand
brasser (les cartes)	mêler, battre	to shuffle (cards)

Québec	France/Québec	
cabane à sucre (f)	*sucrerie d'érable*	restaurant specializing in maple syrup dishes; sugar bush
jouer à la cachette	jouer à cache-cache	to play hide-and-seek
câler	*réciter les figures d'une danse*, appeler à la danse	to call, call off (at a dance)
câleur	*celui qui récite les figures*	caller
un set câlé	*une danse avec meneur de jeu*	a dance with calling off
carnavaleux (m), carnavaleuse (f)	*fêtard de carnaval, bambocheur*	reveller (at a carnival)
casseux de veillée (m)	trouble-fête, *le premier à quitter une soirée*	party-pooper, wet blanket
catin* (f)	poupée	doll
catinage* (m)	jeu avec une poupée	playing dolls
catiner*	jouer à la poupée	to play dolls
chasse-galerie (f)	*ronde nocturne (en canoë) des sorciers et loups-garous*	night round (in a canoe) of sorcerers and werewolves (folklore)
cochon (m)	*sorte de jeu de cartes*	"pig" (a card game)
collé (m)	slow	slow dance
danser collé	danser serré	to dance close
corbeau dans la cage (m)	*sorte de danse folklorique*	"bird in the cage" (a dance)
criard (m)	*accessoire de cotillon*	noisemaker
danse (f) (aller à une . . .)	bal dansant	dance
danse carrée	quadrille	square dance
discarter une carte*	se défausser d'une carte	to discard a card
discarter*	écarter; faire son écart	to discard
doubler	contrer	to double (bridge)
épluchette (de blé d'Inde) (f)	*réunion, soirée où l'on fait cuire du maïs en épis*	corn-husking party, corn roast

Québec	France/Québec	
express* (f)	wagonnette pour enfants	(child's) wagon
fêter	faire la noce, bambocher	to celebrate, have a good time
gigueur, gigueux (m)	*celui qui danse la gigue*	stepdancer
guignolée (f)	*quête spéciale pour la Noël*	door to door collection for the poor (during Christmas holidays), mummery
tirer de la jambette	*lutter par terre en essayant de culbuter*	to Indian-wrestle
loto (f)	loterie	lotto
machine à boules (f)	*billard électrique, flippers*	pinball machine
moine* (m)	*sorte de toupie*	kind of top
musique à bouche* (f), ruine-babines* (f)	harmonica	mouth organ
musique western	*musique des cow-boys*	country and western music
parté*, party (m)	*surprise-partie, soirée, party (f), boum*	party
être sur le party	*prendre une biture*	to go on a bender
passer les cartes	donner les cartes	deal the cards
patate (f)	grosse bille	large alley
pichenotte, pichenoque* (f)	*jeu où l'on projette une pièce avec une chiquenaude*	crokinole
pisseuse* (f)	dame de pique	queen of spades
pitoune* (f)	jeton	man (bingo)
plain*, pléne* (m)	slow	slow dance
plainer*, pléner*	danser un slow	to dance slow
plongeuse (f)	*sorte de danse folklorique*	type of folk dance
tirer du poignet	*jouer au bras de fer*	to arm wrestle
planter le poireau*	faire une culbute, un saut périlleux	to somersault

Québec	France/Québec	
reel (m)	*air de quadrille*	reel, hornpipe
chanson à répondre (f)	*chanson à refrain*	a song in which the chorus is repeated by a group
set (carré) (m)	*danse de quadrille*	set (square dance)
shower* (m) (prononcez showeur)	*fête entre femmes pour la future mariée*	bridal shower
soirée canadienne (f)	*bal du bon vieux temps*	barn dance, hoedown
somerset*, somersette* (m)	culbute	somersault
souque à la corde (f)	lutte à la corde	tug of war
souigner*, swinger	swinguer	to swing (partners)
steppeur (m)	*qui danse la gigue*	stepdancer
steppette (f)	gigue	stepdance
aller aux sucres, faire une partie de sucre	*faire une fête dans une érablière*	to have a sugaring-off party
survenant (m)	qn qui arrive à l'improviste	unexpected guest
tague*, taille* (f)	chat	tag
tague barrée*, tague malade* (f)	*sorte de jeu du chat*	poison tag
tirer aux cartes	tirer les cartes	to tell fortunes by cards
tire-pois (m)	sarbacane	peashooter
toune* (f)	air de musique	tune
tourniquet*, tourniquette* (m)	saut en tournant; culbute	turning jump; somersault
turlutage (m), turlute (f)	*air fredonné typique de la chanson folklorique*	mouth music
turluter	fredonner	to make mouth music
veiller	avoir une soirée	to have a party, a get-together
veillée (f)	soirée	(evening) party
veilleux (m), veilleuse (f)	invité	(party) guest

Québec	**France/Québec**	
violoneux (m), violoneuse (f)	*violoniste pour les quadrilles*	(old-time) fiddler
vite* (m)	danse rapide	fast dance
youkeur* (m)	*sorte de jeu de cartes*	euchre
zigonner	racler, violoner	to saw on the fiddle

Magasins et commerce
(Stores and Commerce)

Québec	France/Québec	
accommodation (f) (voir dépanneur)		
animalerie (f)	boutique d'animaux	pet shop
aubaine (f), barguine* (m)	occasion, bonne affaire	bargain
barguiner	marchander	to bargain
barguinage* (m)	marchandage	bargaining
bazar (m), vente de trottoir (f)	solde en plein air, *étalage*, braderie	sidewalk sale
binerie, binnerie (f)	gargote	greasy spoon
buanderie (f)	*blanchisserie*	laundry
buanderette (f)	*laverie automatique*	laundromat, coin laundry
casse-croûte (m)	*snack*	snack bar
centre d'achats (m)	centre commercial	shopping centre, shopping plaza
cinq-dix-quinze, quinze-cents (m)	*bazar, Prisunic*	dime store, five-and-dime
croissanterie (f)	*restaurant où on mange surtout des croissants*	croissant shop
delicatessen* (m)	*épicerie fine; restaurant avec charcuterie*	delicatessen
dépanneur (m), accommodation (f)	*petit magasin d'alimentation*	corner store, convenience store
libre-service	*self*	self-service
(restaurant, etc.) licencié	*. . . qui a un permis d'alcool*	licensed (restaurant, etc.)
magasin du coin	*petit magasin*	corner store
magasin d'escompte	*magasin qui vend au rabais*	discount store
magasin général	*magasin qui vend un peu de tout*	general store

Québec	France/Québec	
magasin de marchandises sèches	*mercerie*	dry goods store
magasin à rayons*	*grand magasin*	department store
magasinage (m)	courses, shopping	shopping
magasiner	*faire du shopping; faire du lèche-vitrines*	to go shopping; to go window shopping, browse around
magasineur, euse	acheteur	shopper
magasineux*, euse*	coureur de magasin	s.o. who is always shopping
mail (m)	*rue commerçante, rue piétonnière*	mall
mercerie (pour hommes) (f)	*magasin de confection*	men's clothing store
nettoyeur (m)	*pressing, teinturier*	cleaners
occasions (f, pl)	soldes	bargains
pas de dépôt*	pas de consigne	no deposit
plaza (f)	centre commercial	plaza
salle de montre (f)	salle d'exposition	show room
de seconde main*, usagé*	d'occasion	second-hand, used
special* (m)	(objet) à rabais	special
tabagie (f)	*bureau de tabac*	cigar store, news and smoke shop
usagé (voir seconde main)		
vente* (f)	solde	sale
vente de débarras*, d'écoulement*	soldes	clearance sale
vente de feu*	*soldes à la suite d'un incendie*	fire sale
vente de garage*, vente-débarras (f), bric-à-brac (m)	*mise en vente, par un particulier, sur son terrain, d'objets personnels*	garage sale, yard sale
vente de trottoir (voir bazar)		

Maison (The House)

Québec	France/Québec	
allonge* (f)	annexe	addition
bas-côté (m)	appentis	porch or shelter attached to house
se bâtir, se construire	se faire bâtir une maison; bâtir soi-même une maison	to have a house built; to build one's house
bâtisse* (f)	édifice, bâtiment, *building*	building
bécosses* (f, pl)	*W.-C. installés à l'extérieur*	backhouse, outhouse
bloc (à, d' appartements)* (m), maison-appartements*, maison d'appartements* (f)	immeuble	apartment block
maison en bois rond, en billots (f)	*maison en rondins*	log house
cabane (f)	baraque	place, house, joint
cabane à chien*	niche à chien	doghouse
se cabaner*, s'encabaner*	s'enfermer, se cloîtrer	to stay inside, lock oneself up in the house
cabines pour touristes (f, pl)	*maisonnettes pour voyageurs*	tourist cabins
cabouse (f)	cambuse, cabane	shack
cambuse (f)	magasin de vivres	store house (for food)
camp*, camp d'été* (m)	chalet, maison de campagne; *colonie de vacances*	summer cottage; camp
casser maison*	décamper	to move out, split
centre communautaire (m)	centre de loisirs	community centre
chalet (m)	*cottage*, maison de campagne	cottage
chambrer*	louer une chambre	to room
chambreur*, euse*	locataire (sans repas)	roomer
colonial	*de style anglais*	colonial (furniture, etc.)

Québec	France/Québec	
conciergerie (f)	*immeuble avec chambres à louer et un concierge*	housekeeping apartments
condominium (f)	*série de maisons "attachées,"* co-propriété	condominium
se construire (voir se bâtir)		
bas- (de) duplex (m)	*partie inférieure d'un duplex*	lower duplex
haut- (de) duplex	*partie supérieure d'un duplex*	upper duplex
duplex double, quadruplex (f)	*maison à 2 étages et à 4 logis*	quadruplex
s'encabaner (voir se cabaner)		
habitation à loyer modique (H.L.M.) (m)	*habitation à loyer modéré (H.L.M.)*	low-rental housing, public housing
logis* (m)	demeure	home, house
loyer* (m)	appartement	apartment
être à loyer	être locataire	to be a tenant
maison de chambres (f)	*hôtel garni*	rooming house
maison coloniale	*maison préfabriquée de style colonial*	colonial home
maison détachée (semi-détachée)	*maison (jumelle)*	detached home (semi-detached)
maison mi-étage	*maison d'un étage et demi*	one and a half storey house
maison mobile	*maison préfabriquée*	mobile home
maison modèle	*maison témoin*	model home
maison de pension, pension privée	pension	boarding house
maison de ville	hôtel particulier	town house
mitaine* (f)	temple protestant	Protestant church, meeting house
multifamilial	*pour plusieurs familles*	multi-family (dwelling)
pensionner	louer une chambre avec pension	to board

Québec	**France/Québec**	
privé (balcon, chambre, plage, stationnement, etc.)	. . . *particulier*	private (balcony, room, beach, parking, etc.)
projet domiciliaire, quartier résidentiel (m)	*quartier en banlieue, lotissement*	subdivision
propre	en bon état	clean (when selling an apartment, etc.)
quadruplex (voir duplex double)		
rester	demeurer	to live (in a place)
roulotte (f)	*caravane*	house trailer
salon funéraire (m)	entreprise de pompes funèbres	funeral home, parlour
shed*, shède* (f)	hangar	shed
split-level* (m)	*maison à paliers*	split level
suite (f)	appartement, local, porte	suite
tente-roulotte (f)	*remorque de camping*	tent trailer, camping trailer
triplex (m)	*maison à trois étages ou à trois demeures*	triplex
un troisième (un quatrième, etc.)	appartement au troisième étage, etc.	third (fourth, etc.) storey apt.
trou (m)	*gourbi*	hole, dump
unifamilial	*pour une seule famille*	single-family (dwelling)

Divers (Miscellaneous)

avoir l'aqueduc	avoir l'eau courante	to have running water
armoire (à butin)* (f)	placard	closet
armoire en coin (f), coinçon (m)	*encoignure*	corner cupboard
bain* (m)	baignoire	bathtub
balayeuse* (f)	aspirateur	vacuum cleaner
bar* (f)	bar (m)	bar
faire le barda*, bardasser*	faire le ménage	to do the housework

Québec	France/Québec	
bas* (m)	rez-de-chaussée	first floor, lower floor
bassine*, bassinette* (f)	pot de chambre	bedpan, pot
bassinette, bazinette (f)	*moïse*	bassinet, baby basket
ber* (m)	berceau	cradle, crib
(chaise) berçante, berceuse (f)	*rocking-chair, fauteuil à bascule*	rocking chair
berce* (f), berceau*, chanteau* (m)	patin	rocker (of chair)
bois de corde (m)	bois de chauffage	cordwood
bois de finition	*bois de première qualité*	finishing wood
bois franc	*bois dur*	hardwood
bois mou	*bois blanc*	softwood
boisé	lambrissé	panelled
bol* (m), bolle* (f) (de toilette)	cuvette	toilet bowl
boîte d'entrée, à fusibles (f)	coupe-circuit, *disjoncteur*	circuit breaker, fuse box
bras* (m)	garde-fou	railing
bureau (de chambre) (m)	commode	chest of drawers, dresser
cabaneau, cabanon (m)	placard, armoire; annexe	cupboard, locker, cubbyhole; attached shed
cabinet (à boisson, d'appareils) (m)	bar; *coffret*	bar; cabinet, case
calorifère (m)	système de chauffage; radiateur	heating system; radiator
catalogne (f)	*couverture rayée, tapis rayé*	old-fashioned French-Canadian blanket or rug
cave (f)	sous-sol	basement
cavreau (m)	*réduit sous l'escalier; petit entrepôt pour légumes, etc.*	storage room, cupboard under stairs; fruit cellar
centre de table (m)	*surtout*	centrepiece (for table)
chambre* (f)	bureau, salle, pièce	room, office

Québec	**France/Québec**	
chambre de bain˙, de toilette˙	salle de bain	washroom, bathroom
chambre de lavage˙, salle de lavage	buanderie	laundry room
chambre des maîtres, grande chambre	chambre principale	master bedroom
champlure˙, chantepleure˙ (f)	robinet	tap, faucet
chandelle˙ (f)	*bougie; stalactite de glace*	candle; icicle
chanteau (voir berce)		
chantepleure (voir champlure)		
charbon dur (m)	*anthracite*	hard coal
charbon mou	*houille*	soft coal
châssis˙ (m)	fenêtre	window
châssis double˙ (m), contre-fenêtre (f)	double fenêtre	storm window
chaufferette (f)	*radiateur d'appoint*	(portable, small) heater
chesterfield˙ (m)	canapé *(capitonné)*	chesterfield
clabord˙ (m)	*bois ou aluminium à clin*	wood or aluminum siding
clencher	*faire jouer la clenche*	to play with, move the latch
cléon, clayon (m)	barrière; piquet	gate (of fence); picket fence post
cocron˙, coqueron˙ (m)	*petite pièce mal entretenue, cagibi;* placard dérobé	small untidy room, cubbyhole; concealed cupboard
coinçon (voir armoire)		
connecter˙, ploguer˙	brancher	to plug in
corniche (f)	manteau	mantelpiece
cour d'en arrière (f)	cour	backyard
couverte˙, couvarte˙ (f)	couverture	blanket, cover
crèche˙ (f)	orphelinat	orphanage
dalle (eau de dalle) (f)	gouttière (eau de pluie)	eavestrough (rain water)

Québec	France/Québec	
débarrer	ouvrir	to unlock
déconnecter*, déploguer*, disconnecter*	débrancher	to unplug, disconnect
dépeinturer (voir peinturer)		
deux-par-quatre (m)	*planche de deux pouces sur quatre pouces*	two-by-four
douillette (f)	couvre-pieds	quilt
draperies*, tentures (f, pl)	rideaux	curtains, drapes
époussette (f), pleumas (m)	plumeau	(feather) duster, whisk
premier étage* (m)	rez-de-chaussée	ground floor, first floor
deuxième étage* (m)	premier étage	second floor
filage (m)	*câblage*	wiring (appliance)
fini (cave finie, etc.)	meublé et décoré	finished (basement)
fournaise (f)	*chaudière*	furnace
galerie (f)	balcon, véranda	balcony, veranda, porch
garde-robe (m)	placard, vestiaire	clothes cupboard, closet
gardienne (f)	*baby-sitter*	baby-sitter
glaçon (m)	*stalactite de glace*	icicle
être grandement* (dans son vivoir)	être à l'aise (dans sa salle de séjour)	to have lots of space (in one's living room)
grand déménagement (m)	*déménagement fait au printemps*	spring moving (Quebec)
grand ménage (m)	*nettoyage de printemps*	spring cleaning, house cleaning
guenille* (f)	chiffon	rag
huile à lampe, de charbon (f)	*pétrole lampant*	coal oil
huile à chauffage, de chauffage	mazout, *fuel domestique*	heating oil
laveuse* (f)	machine à laver	washing machine, washer

Québec	France/Québec	
lessiveuse (automatique)* (f)	machine à laver	(automatic) washing machine
lingerie (f)	*literie*	bedding
lit simple, lit double, lit trois-quarts	*lit à une place . . .*	single, double bed, three-quarter bed
marchette (f)	chariot	walker (for baby)
faire le ménage de qch	nettoyer qch	to clean up sth
pagée (f)	*partie d'une clôture*	part of a fence, fence section
panneau (de table) (m)	abattant, rallonge	leaf, board (of table)
patio (m)	*cour en carrelage*	patio
peinturer; dépeinturer	*peindre*; enlever la peinture	to paint (walls, houses, etc.); to take the paint off
perron (m)	petite véranda	small veranda, stoop
piqué* (m)	couvre-lit	mattress cover
place (balayer la place, jouer dans la place)	plancher	(to sweep, play on the) floor
pleumas (voir époussette)		
plogue* (f)	fiche; prise de courant	plug
ploguer (voir connecter)		
porte d'en arrière (f)	porte de service	back door
porte d'en avant, de dehors	porte d'entrée	front door
portique (m)	entrée, vestibule	front hall, vestibule
pouvoir* (m)	courant; puissance	power, hydro; power (of machine)
prélart (m)	linoléum, *carrelage*	linoleum, tile floor
rac*, rack*, raque* (m)	porte (-qch)	rack (for sth)
renchausser	rechausser, butter	to bank up (house), to earth up (plant)
salle à dîner* (f)	salle à manger	dining room

Québec	France/Québec	
salle familiale	salle de séjour	family room
salle privée	salon réservé	private room (in hotel)
salle de réception	salon	reception room
faire une saucette* chez qn	faire une courte visite	to drop in on s.o.
simple, double (bureau, chambre, garage)	à un, (deux) tiroir(s), à un lit, deux lits, à une place, deux places	single, double (chest of drawers, room, garage)
solage (m)	fondations	foundation
sortie* (f)	prise	outlet (electrical), plug
souffleuse, déneigeuse* (f)	fraiseuse	snow blower
souitche*, switch* (f)	commutateur	switch
sous-verre (m)	dessous de verre	coaster
sur la rue	dans la rue	on the street
suzanne (f)	armoire tournante	lazy Susan
table de bout (f)	table d'appoint	end table
table à café	table de salon	coffee table
table à cartes	table de bridge	card table
tapis mur à mur* (m)	(tapis) moquette, tapis cloué	wall to wall carpeting
tapisserie* (f)	papier peint	wallpaper
tentures (voir draperies)		
truie*, truille* (f)	poêle fait d'un baril ou d'une boîte de métal	barrel stove
tuile (f)	carreau, carrelage	tile (for wall or floor)
tuiler	carreler	to tile
vidanges* (f, pl)	ordures	garbage
vidanger*	enlever les ordures	to clean up, collect the garbage
avoir de la grande visite	recevoir des visiteurs importants	to have important company
vivoir* (m)	living, salon	living room

Moyens de communication
(Means of Communication)

Québec	France/Québec	
annoncer	faire de la publicité	to advertise
annonces classées* (f, pl)	petites annonces	classified ads, want ads
annonceur (m), annonceure (f)	*speaker, speakerine*	announcer
bande sonore (f)	bande magnétique	tape
câble (m), câblodiffusion (f)	*télévision par câble coaxial*	cable TV, Cablevision
canal (m)	*chaîne*, poste	channel
chanson-thème* (f)	indicatif	theme song
comiques* (m, pl)	bandes dessinées	comics, comic strips
commanditer	présenter, financer, produire, *sponsoriser*	to sponsor
commanditaire (m)	*annonceur, sponsor*	sponsor
commandite (f), commercial* (m)	annonce (publicitaire), *sponsoring*	commercial
écouter la télévision*	regarder . . .	to watch TV
endisquer	enregistrer	to record (a record)
(émission à) lignes ouvertes*, tribune publique (f)	*émission où les auditeurs participent en téléphonant, émission en direct*	call-in show, hot line show, open line show
enregistreuse* (f)	magnétophone	tape recorder
hit (m)	*tube*	hit
jaunisme (m)	sensationnalisme	sensationalism, yellow journalism
pagette (f)	téléavertisseur	pager
palmarès (m)	*hit-parade*	hit parade
perchiste (m)	*percheman*	boom operator, boom-man
poste affilié, affilié (m)		affiliated station

Québec	France/Québec	
radio-roman (m)	feuilleton	radio play
recherchiste (m)	*documentaliste*	researcher
réseau (m)	*chaîne*	network, broadcasting company
roman-savon*, téléroman (m)	feuilleton	soap opera, serial
syntoniser	*accrocher*	to tune in, to stay tuned to (a station)
système de son* (m), stéréo (m)	chaîne	sound system, stereo
téléthéâtre (m)	pièce télédiffusée, feuilleton	TV play, serial

Courrier et lettres (Mail and Letters)

boîte postale (B.P.), case postale (f), casier postal* (m), (C.P.)		post office box (P.O. Box), box
classe (première, deuxième, troisième) (f)	*tarif lettres, imprimés . . .*	(first, second, third) class
code postal (m)		postal code
étampe (f)	*oblitération*	postmark
malle* (f)	courrier	mail
maller*	mettre à la poste	to mail
postier*, postillon* (m)	facteur	mailman, postman
route rurale (f) (R.R.)		rural route (R.R.)
station, succursale (A, B, etc.) (f)		station (A, B, etc.)

Téléphone (The Telephone)

acoustique* (m)	récepteur	receiver
appel à frais renversés*, appel à frais virés (m)	*appel en P.C.V., communication payable à l'arrivée*	collect call
appel de personne à personne (m)	*appel en P.A.V., avec préavis*	person-to-person call

Québec	France/Québec	
appel interurbain, interurbain (m)	*communication téléphonique pour laquelle il faut payer un supplément*	long distance call, long distance
assistance annuaire (f)	renseignements	directory assistance, information
engagé*	occupé	busy
Gardez la ligne*! Tenez la ligne*!	Ne quittez pas!	Hold the line!
signaler	composer	to dial
tapper*, bugger* une ligne	*faire une prise sur une ligne*	to wiretap, bug a line
faire un téléphone*, lâcher un coup de téléphone*	passer un coup de fil	to give a ring, make a call

Nature

Québec

aboiteau (m)	*sorte de barrage ou remblai*	type of dam or embankment
arrachis (m)	souches renversées; forêt aux arbres déracinés	pulled-out stumps; part of forest with uprooted trees
baisseur (f)	baissière	hollow, dip (in ground)
barbotière* (f)	étang, marécage	pond, swamp
battue (f)	traces	tracks
batture (f)	*estran*; hauts-fonds	strand; rocky shore, sea beach, sandbank; shallows
billot (m)	*bille*	log
bois de grève, de marée (m), échouerie* (f)	épave	driftwood
boisé (m)	*terrain boisé*	wooded area, woodlot
bordages (m, pl)	*glaces adhérentes aux rives*	ice on bank of river
bouette* (f)	neige fondante; vase, fange	wet snow; mud, slime
bouscueil (m)	*glaces mouvantes sur l'eau*	ice floe
brûlé (m)	*brûlis*	brulé, burnt area in forest
bûché* (m)	clairière	clearing
butteau (m)	petite butte	small mound
cage (f)	radeau de bois, *flotte de radeaux*	raft of wood (logging)
caille* (f)	rocher, écueil à fleur d'eau	rock, reef
Le lac a calé.	Le lac a baissé.	The lake has gone down.
chaussée* (de castors) (f)	petit barrage (de castors)	(beaver) dam
clairons* (m, pl)	aurore boréale	northern lights
coloniser* la terre	défricher la terre	to clear and settle the land
corps-mort (m)	*tronc pourri*	rotten stump, deadhead

Québec	France/Québec	
cotir*	pourrir	to rot (wood)
coulée (f)	ravin, vallée	ravine, valley, coulee
cran* (m); crans* (m, pl)	*rocher à fleur du sol*; falaise	flat rock; cliff
croûte (f)	*tranche d'écorce; surface durcie de la neige*	piece of bark; crust (of snow)
désert*, essart* (m)	clairière	clearing
eaux vives (f, pl)	courant rapide	swift current
échouerie (voir bois de grève)		
écorre (accore) (f)	rive escarpée	steep river bank
fardoches, ferdoches (f, pl)	broussailles	brushwood
fondrière de mousse (f), muskeg (m)	*terrain marécageux et couvert de mousse*	muskeg
frasil (m)	*parcelles de glace sur un cours d'eau*	frazil
garnotte*, grenotte* (f)	cailloux	small stones
gazon de neige* (m)	*neige découpée à la pelle*	lump of snow, ice, etc.
gravelle* (f), gravois* (m)	gravier	gravel
grignon* (m)	motte de neige, glace, etc.	lump of shovelled snow, ice, etc.
laize*, lez* (f)	lisière	edge (of forest)
magonne (f)	*glace (d'un lac) fondante et remplie d'alvéoles*	ice melting and filled with air holes (in a lake)
mottant*, pelotant	*qui fait de bonnes pelotes*	good packing (snow)
motte* (de neige) (f)	boule de neige	snowball
motton* (m)	petite motte	clump (of snow, etc.)
mottonneux*	plein de noeuds; raboteux	knotty; rough
mouillant	fondant	wet (snow)
pelotant (voir mottant)		
pendant* (m)	versant	slope

Québec	France/Québec	
pigras (m)	boue, bourbier	mud, slop
pigrasser	patauger dans la boue	to play in the mud
pigrasseux	plein de boue	muddy
piqueron* (m)	petite colline, butte	small hill
pitoune* (f)	bois à papier; *flottage de bois*	pulpwood, logs; floating logs
planche (terre)*	plat	flat (land)
rasé* (m)	clairière	clearing in the woods
ravage (m)	*chemins battus par les cervidés en hiver*; quartier d'hiver de ces animaux	animal (deer, moose) paths; deer, etc. territory
renouveau* (m)	nouvelle lune	new moon
repoussis* (m)	nouvelle pousse	new growth, shoot, sprout
ripe* (f)	copeaux	kindling, shavings
roche* (f)	caillou, pierre	stone, small rock
savane (f)	marécage, plaine	swamp; treeless plain
swompe* (f)	marécage	swamp
terre en bois debout (f)	terre boisée	bush, forest area, uncleared land
terre faite* (f)	terre défrichée	cleared land
tondreux*	desséché et poreux (bois)	dry and porous (wood)
tourbe (f)	*motte de gazon*	turf, sod
train d'eau (m)	*train de flottage*	log boom
vallonneux	vallonné	hilly

Oiseaux (Birds)

Québec	France/Québec	
alouette des prés* (f)	sturnelle des prés	eastern meadowlark
alouette de mer*	bécassine des marais	common snipe
amiral*, caporal*, commandeur* (m)	carouge à épaulettes	red-winged blackbird
bec-scie* (m)	harle	merganser
bobolink*, goglu (m)	*ortolan de riz*	bobolink
bois-pourri* (m)	*sorte d'engoulevent*	whip-poor-will
cacaoui*, canard kakawi (m)	*harelde de Miquelon*	oldsquaw duck
cacasser*	caqueter	to cackle
canard malard, canard français (m)	*canard colvert*	mallard (duck)
canard branchu, canard huppé	canard brancheur	wood duck
cane de roche (f)	canard arlequin	harlequin duck
caporal (voir amiral)		
chama brune (f)	*timalie d'Amérique*	wrentit
commandeur (voir amiral)		
couac* (m)	bihoreau à couronne noire	black-crowned night heron
estorlet (voir hirondelle de mer)		
fale*, phalle* (f)	jabot	crop
fauvette (f)	*sylvette*	warbler
fou de Bassan, margot* (m)	fou de Gaspé	northern gannet
Frédéric* (Frédéric cache-ton-cul*, Frédéric baise-mon-cul*) (m)	pinson à gorge blanche	white-throated sparrow, the peabody bird, the Canada bird (Oh, Sweet Canada)
gallinule commune (f)	*poule d'eau*	common gallinule
geai bleu (m)	geai (d'Amérique)	bluejay

Québec	France/Québec	
geai gris	geai (d'Amérique)	grey jay
géocoucou de Californie (m)	*chemineau de Californie*	(greater) roadrunner
gode (f)	*petit pingouin*	razorbill
goglu (voir bobolink)		
grive (voir merle)		
grive (à collier) (f)	*merle à collier*	(varied) thrush
grue (f)	grand héron	great blue heron
hibou à cornes*, hibou à tête de chat* (m)	grand-duc de Virginie	eagle owl
hirondelle de mer* (f), estorlet*, istorlet* (m)	sterne	tern
huart* (m)	plongeon imbrin	common loon
istorlet (voir hirondelle de mer)		
se jouquer*	se jucher	to perch
kildi*, kildir* (m)	pluvier kildir	killdeer
mange-maringouins* (m)	engoulevent (d'Amérique)	common nighthawk
margot (voir fou de Bassan)		
marmette commune (f)	*guillemot de Troïl*	common (thin-billed) murre
maubèche branle-queue (f)	*sorte de scoloparidae*	spotted andpiper
merle, rouge-gorge* (m), grive* (f)	merle d'Amérique	(American) robin
merle bleu (m)	*sorte de merle*	bluebird
moignac* (m)	canard eider	eider
moqueur (m)	*sorte de grive*	thrasher
moucherolle (f)	gobe-mouches	flycatcher
mouette blanche (f)	*goéland sénateur*	ivory gull
nic*, nique* (m)	nid	nest
oie blanche (f)	*oie des neiges*	snow goose

Québec	France/Québec	
oiseau des neiges*, oiseau blanc* (m)	bruant des neiges	snowbunting
oriole (m)	*sorte de passereau*	northern oriole
outarde* (f)	bernache (du Canada)	Canada goose
perdrix*, perdriolle* (f)	*nom populaire du tétras, de la gélinotte, du lagopède et de la bécasse*	partridge (common name for the grouse, ptarmigan, woodcock and the snipe)
perdrix blanche*	lagopède des saules	willow ptarmigan
perdrix de bois franc*, perdrix grise*	gélinotte huppée	ruffed grouse
petit noir* (m)	canard noir	black duck
pic-bois* (m)	pic	woodpecker
piroche* (f)	cane; oie femelle	(female) duck; female goose
piron* (m)	caneton; oison	young duck; baby goose
pit (m) (langage des enfants)	petit oiseau	birdie
pivert* (m)	pic vert	(green) woodpecker
pluvier (siffleur, neigeux, à collier)	*gravelot (siffleur, à collier interrompu, à collier)*	plover (piping, snowy, semi-palmated)
poule des Prairies	*sorte de tétraonidé*	prairie chicken
récollet*, (petit) huppé* (m)	jaseur des cèdres	cedar waxwing
rossignol* (m)	pinson chanteur	song sparrow
rouge-gorge (voir merle)		
trogon élégant (m)	*couroucou élégant*	copper-tailed (elegant) trogon
verdin (m)	*rémiz à tête jaune*	verdin
viréo à tête bleue (m)	*oiseau insectivore propre à l'Amérique*	solitary vireo
viréo de Philadelphie	*oiseau insectivore propre à l'Amérique*	Philadelphia vireo
voilier*, volier* (m)	volée	flock

Pharmacie, produits de beauté
(Drug Store, Beauty Products)

Québec	France/Québec	
bobettes*, bobépines* (f, pl)	épingles à cheveux	bobby pins
faire de la broue	mousser	to foam
catin* (m)	*tricostéril dont on enveloppe le bout du doigt*	Band-Aid or tape on end of finger
petit cochon* (m)	éraflure (sur un doigt)	scratch (on a finger)
conditionneur à cheveux (m)	lotion	hair conditioner
crème, huile (pour les cheveux) (f), fixatif (m)	*brillantine*	hair cream, hair oil
crème à barbe (f)	*mousse à raser*	shaving cream
débarbouillette (f)	*petite serviette servant de gant de toilette*	washcloth, facecloth
diachylon, plasteur* (m)	*tricostéril, pansement adhésif*	Band-Aid
diachylon, ruban adhésif (m)	*sparadrap*	adhesive tape
égaliser, tailler	*rafraîchir*	to trim
fixatif (m)	*laque*	hair spray
Kleenex*, papier-mouchoir, tissu* (m)	*mouchoir en papier*	Kleenex
lotion après rasage; avant rasage (f)	*after-shave*; lotion	after-shave; pre-shave (lotion)
médicamenté	médicamenteux	medicated
papier de toilette* (m)	papier hygiénique	toilet paper
pâte dentifrice*, à dents* (f)	dentifrice	toothpaste
peignure* (f)	coiffure	hairdo
plasteur (voir diachylon)		
se renipper	faire sa toilette, se débarbouiller	to wash, shave, spruce up

Québec	France/Québec	
rince-bouche (m)	*eau dentifrice*	mouthwash
savon du pays (m)	*savon de Marseille*	yellow soap
savon de toilette	savonnette	toilet soap
savonnette (f)	blaireau	shaving brush
savonnier (m)	porte-savon	soap tray, dish
savonnure (f)	mousse de savon	soap suds
Québec	**France/Québec**	

Poids, mesures, expressions de quantité (Weights, Measures, Expressions of Quantity)

Québec	France/Québec	

Capacité (Capacity)

roquille (f)	1/4 d'une chopine	quarter pint
demiard (m)	0,284 l	half pint
chopine (f)	0,568 l	pint
mouture (f)	un dixième d'un minot	1/10 peck
pinte (f)	1,136 l	quart
demi-gallon (m)		half gallon
gallon (m)	4,546 l	gallon
quart (m)	quart d'un boisseau	peck
boisseau, minot (m)	36,37 l	bushel
baril (m)	140,89 l	barrel

Longueur (Length)

pouce (m) (") (un quart de pouce, etc.)	2,54 centimètres	inch (") (one quarter of an inch, etc.)
pied (m) (')	30,48 cm	foot (')
verge (f)	0,914 m	yard
brasse (f)	1,83 m	fathom
perche (f)	5,03 m	rod
stade (m)	201,17 m	furlong
arpent (m)	58,47 m	"arpent" (191.8 ft.)
mille (m)	1,6 km	mile

Mesures cubiques (Cubic Measures)

pouce cube		cubic inch
pied cube		cubic foot
verge cube		cubic yard
corde (f)	128 pieds cubes	cord (of wood)

Québec	France/Québec	

Poids (Weights)

Québec	France/Québec	
gros (m)	**huitième d'une once**	**dram**
once (f)	28,35 g	ounce
once liquide		fluid ounce
livre (f)	0,454 kg	pound
quintal (m)	poids de 100 livres	hundredweight
tonne (f)	2000 livres	ton

Superficie (Area)

Québec	France/Québec	
pouce carré		square inch
pied carré		square foot
verge carrée		square yard
perche carrée		square rod
toise (f)	100 pieds carrés	100 sq. ft.
arpent (m)	34,20 ares	"arpent" (.85 acres)
arpentage (m)		number of "arpents"
acre (m, f)	40,467 ares	acre
acrage (m)		acreage

Divers (Miscellaneous)

Québec	France/Québec	
à l'abondance	beaucoup	a lot
alège*, allège*	sans charge	empty (truck, etc.)
assez (Il est assez beau!)	très, tellement	very, so (Is he ever handsome!)
assez de* (Il a assez d'argent!)	beaucoup de	a lot of
autant comme*	autant que	as much as
Il y en a un char et puis une barge.	. . . beaucoup, un paquet.	There's quite a bunch, a whole lot.

Québec	France/Québec	
en bébite*, en bedeau* (Il fait chaud en bébite*.)	beaucoup, très, *vachement*	very much, really, very (It's very hot.)
ben ben* (C'est pas ben ben bon!)	très	very (It's not very good.)
bolée* (f)	contenu d'un bol, plein bol	bowlful
Il travaille comme un bon.	. . . beaucoup, *vachement*	He works hard, a lot.
brochette, brochetée (f)	*flopée*	a whole string of
caisse de bière (f)	*carton*	case of beer
canne*, canette, cannette (f)	boîte (métallique)	can (of beer, etc.)
carton (m), cartoune* (f)	*cartouche*	carton (of cigarettes)
casseau, cassot (m)	*contenant pour les fruits,. les frites, etc.*	basket for fruits, vegetables, carton for French fries, etc.
chaudière* (f)	seau	pail
chaudiérée* (f)	contenu d'un seau	pailful
toute la chibagne	tout l'ensemble, tout le bazar	the whole shebang
une chipotée de	une foule de	a bunch of
cinquante (j'ai cinquante raisons pour, etc.)	trente-six . . .	umpteen, a hundred (reasons, etc.)
cordée* (f)	pile (de bois)	pile (of wood)
une couple de	deux, quelques	a few, a couple of
crète* (f)	caisse, panier, *cageot*	crate
comme deux* (Je t'aime comme deux.)	beaucoup, *vachement*	very, really
égal* (partager quelque chose égal)	également	equally
flasque* (m)	flacon; gourde	bottle; flask
flesh*, floche*, flush*	au même niveau; plein	flush; full, crowded
fournée* (f)	gorgée, bouchée	mouthful

Québec	France/Québec	
une gagne de*	une foule de	a bunch of (people, things)
avoir grand de (terre, etc.)*	. . . beaucoup	to have a lot of (land, etc.)
en grand*, en grande*	*vachement*, beaucoup	a lot
ben gros*	joliment, beaucoup	a lot
en grimenaude*	en morceaux, parcelles	in little pieces
être à juste de*	avoir juste assez de	to just have enough (of sth)
tout le kit*	tout le tralala	the whole kit and caboodle
en masse*	beaucoup, drôlement	a lot
minoter (Les tomates etc. minotent.)	Il y a des tas de tomates.	The tomatoes (etc.) are piling up. It's crawling with tomatoes.
à mort (Je t'aime à mort.)*	beaucoup, très, terriblement	a lot, very
par mottons	sporadiquement, graduellement	in spiurts, fits and starts
pacsac* (m)	havresac	knapsack
paquet (de persil) (m)	bouquet	bunch (of parsley)
paqueté (aux as)	plein à craquer, *archi-plein*	filled to the rafters, brimful
pesée (f)	*poids au bout d'une corde*	weight (on the end of a rope)
à plein*, en plein* (de l'argent en plein)	beaucoup, amplement	plenty of (money)
quart* (m)	baril	barrel
raide (fou raide, raide maigre, etc.)	tout à fait, *vachement*	completely (plumb crazy, really skinny, etc.)
Je m'en rappelle (quelque chose de) rare*.	. . . bien.	I remember it real well.
comme rare de (Il est riche comme rare de monde.)*	comme peu de	as only a few (He's rich as few people are.)
(sur un temps) rare (Il y en avait sur un	beaucoup, *vachement*	an awful lot, really (There was a lot of them. It's really

Québec	France/Québec	
temps rare. C'est tranquille rare à soir.)*		quiet tonight.)
tout rond	. . . en entier	(to eat sth, etc.) all up
sans bon sens (Il boit sans bon sens.)* N.B. prononcez "sang"	beaucoup; à l'excès	a lot (He drinks a lot.)
C'est bon comme sept.*	*C'est vachement bon.*	It's really good.
tapon* (m)	paquet, tampon	bundle (of wood, paper, etc. . . .), ball
sur un vrai temps	beaucoup, *vachement*	an awful lot
en titi*	beaucoup, joliment	a lot
toisage* (m)	mesurage, mesure	measurement
trâlée (f)	bande, potée	bunch (of children, etc.)
tresse* (f)	régime (bananes), chapelet (oignons, maïs)	bunch (of bananas, onions, corn)

Poissons (Fish)

Québec	France/Québec	
achet*, anchet* (m)	ver de terre	fishworm
achigan (m)	perche commune	black bass
achigan (à grande bouche, à petite bouche)		bass (large mouth, small mouth)
achigan de mer	*sorte de centropristes striatus*	black sea bass
agrès de pêche* (m, pl)	*nécessaire de pêche*	fishing tackle
aiguillat (m)	*sorte de roussette*	(spiny) dogfish
aim*, ain*, croc* (m)	hameçon	fish-hook
anchet (voir achet)		
attrape* (f)	appât	bait
barbotte (f)	poisson-chat	bullhead (catfish, mud cat)
barbue (f)	*sorte de poisson-chat géant*	channel catfish
brochée*, brochetée (f)	*poissons enfilés sur une branche*	fish on a branch; stick, string of fish
calant (m)	plomb	sinker
camus* (m)	esturgeon jaune	sturgeon
caster*	lancer	to cast
(poisson) castor, poisson de vase, poisson-chien (m)	*poisson de la famille des amiadés*	mudfish
crapet (vert, de roche), achigan de roche* (m)	*sorte de perche*	rock bass
crapet calicot	*sorte de poisson-lune, marigane noire*	black crappie (calico bass, strawberry bass)
crapet soleil, crapet jaune	*poisson-lune*	sunfish
croc (voir aim)		

Québec	France/Québec	
doré bleu (m)	*sandre d'Amérique*	blue walleye (blue pickerel, blue pike, blue)
dorée commune (f), poisson de Saint-Pierre (m)	*sorte de brochet*	common pike
doré jaune, grand doré	*sandre d'Amérique*	yellow walleye (yellow pickerel, walleyed pike, doré)
doré noir, petit doré	*sandre d'Amérique*	sauger (sand pike, sand pickerel)
écaillé* (m)	esturgeon noir	sturgeon
laquaiche (argentée, aux yeux d'or) (f)	*sorte de hareng*	mooneye, goldeye
loche*, plie* (f), poisson des chenaux*, des Trois-Rivières* (m), petite morue* (f), poulamon* (m)	capelan	tomcod, frostfish, smelt
malachigan, grondin* (m)	*sorte de perche*	sheepshead, drum, malachigan
maskinongé (m)	*espèce de brochet*	maskinonge, muskellunge (muskie)
mené, méné (m)	*vairon*	minnow
petite morue (voir loche)		
moulac (m)	*petite truite*	splake
ouananiche (f)	*saumon d'eau douce*	(land-locked) salmon, wananish
omble de l'Arctique (m)	*sorte d'omble chevalier*	Arctic char
perchaude (f)	perche jaune	(yellow, lake) perch, perchaude
plie (voir loche)		
poisson armé (m)	lépidostée osseux	gar pike
poisson blanc (m)	*poisson de la famille des corégones*	whitefish

Québec	France/Québec	
poisson des chenaux, des Trois-Rivières (voir loche)		
poisson de vase, poisson chien (voir castor)		
poulamon (voir loche)		
saumon sockeye (m)	*saumon américain*	sockeye salmon
tenture (f)	*bordigue*; seine	dam to catch fish; draw net
touladi (voir truite grise)		
trôle* (f)	cuiller; ligne traînante	spoon; troll line
pêcher à la trôle* (troll*), trôler*	pêcher à la traîne	to troll
truite grise (f), touladi* (m)	truite des lacs	lake trout
truite mouchetée, saumonée, de ruisseau (f)	*omble des fontaines*	brook trout, speckled trout
varvau (m)	verveux, rets	(hoop) net
vigneau (m)	*table pour faire sécher la morue*; filet	screen table for drying cod; net

Quincaillerie (Hardware)

Québec	France/Québec	
Arborite (f)	*lamelle décorative*	Arborite
barouette* (f)	brouette	wheelbarrow
barre à clous* (f), crobarre* (m, f)	*pied-de-biche*	crowbar
barrure* (f)	serrure; verrou	lock; bolt
batterie* (f)	pile	battery (radio, etc.)
bavette (f)	*grille*	grate (stove)
bec* (m), pipe* (f)	*ajutage*, lance	nozzle
bêcheuse (f), cultivateur (à jardin), rotoculteur (m)	*motoculteur*	Rototiller
belette* (f)	*fil rigide d'électricien pour faire passer les fils dans les murs, etc.*	fish wire
bérigne* (m)	coussinet, bille	bearing
bôlte* (f)	boulon	bolt
bôlter*	boulonner	to bolt
boucaut* (de peinture) (m)	pot . . .	can (of paint)
boyau* (m)	tuyau d'arrosage	(garden) hose
bran de scie, brin de scie (m)	*sciure*	sawdust
branchon* (m)	branche	prong
braquette* (f)	*broquette*; console, *équerre*; punaise	tack; bracket; thumbtack
broc (m)	*sorte de fourche à fumier*	manure fork
broche* (f)	fil de fer; épingle, pince; aiguille	wire; pin (hair, clothes); (knitting) needle
broche piquante*	barbelé	barbed wire

Québec	France/Québec	
broche à foin	*fil de fer servant à lier le foin pressé*	baling wire
broche à poules*	grillage	chicken wire
brocheuse* (f)	agrafeuse	stapler
brocher*	agrafer	to staple, to tack
brûlé	grillé (ampoule)	burnt out (bulb, etc.)
cannedogue*, cannedaille*, dérivotte (f)	*gaffe, perche à crochet pour le flottage du bois*	hook, gaff, used in logging
chaudière* (f)	seau	pail
cheville* (f)	boulon	bolt
couvert* (m)	couvercle	cover, lid
cramper	cramponner	to cramp, clamp
crobarre (voir barre à clous)		
cultivateur (voir bêcheuse)		
dérivotte (voir cannedogue)		
détarauder (voir tarauder)		
drille* (f), moine* (m)	foret, perceuse	(electric) drill
écart (m)	pan	side, edge (of nut)
fanal* (m)	lanterne, falot	lantern
ferrée (f)	*sorte de bêche*	type of spade
filage* (m)	filetage	thread (of screw)
finisseuse (voir sableuse)		
flashlight*, lumière de poche* (f)	lampe de poche; torche; projecteur	flashlight
galendard (voir godendard)		
galon, guédge*, ruban (à mesurer) (m)	mètre à ruban	tape measure

Québec	**France/Québec**	
godendard, galendard (m)	scie passe-partout	cross-cut saw
gonne*, gun* (m)	revolver, pistolet	pistol, gun
gosser	*tailler (du bois)*	to whittle
gossures (f, pl)	*copeaux faits en travaillant le bois avec un canif*	shavings (from whittling)
isolant (m)	isolateur	insulator
kit* (m)	jeu, trousse, ensemble	kit
lumière de poche (voir flashlight)		
lumière d'extension*, rallonge (f)	*baladeuse*	extension light
moine (voir drille)		
moppe* (f)	balai (à laver)	(wet) mop
moulée, planure, ripe (f)	copeaux	shavings
openeur* (m)	ouvre-boîte	opener
papier brun (m)	*papier gris, papier kraft*	brown paper
papier sablé	*papier de verre*	sandpaper
passe-partout (m)	scie à guichet	fretsaw
picosseuse (f)	*bipenne*	(double-sided) axe
picosser	*utiliser une bipenne*	to use an axe
pied-de-roi (m)	règle pliante; mètre	carpenter's rule; measuring tape
pine*, pitoune* (f)	cheville, goupille	pin (in machine)
pinouche* (f)	cheville; languette, tirette	pin; tab
planeur* (m)	rabot	plane
planure (voir moulée)		
polisseuse (f)	*cireuse, polissoir*	floor polisher
rallonge (voir lumière d'extension)		

Québec	**France/Québec**	
ratchet* (m)	tournevis à cliquet	ratchet (screwdriver)
rotoculteur (voir bêcheuse)		
ruban à masquer (m)	ruban adhésif	masking tape
sablage* (m)	*ponçage*	sanding (of floor, etc.)
sabler*	*poncer*	to sand
sableuse*, finisseuse* (f)	*ponceuse*	electric sander
sauteuse (f)	*scie à chantourner*	jig-saw
sciotte (f)	*scie pour couper les billes*	(logging) saw
scrap*, scrape* (f)	ferraille	scrap (metal)
scrépeur* (m)	grattoir	scraper
siau* (m)	seau	pail, bucket
support (m)	cintre; porte-(qch)	coat hanger; rack (towel rack, etc.)
taraud* (m)	écrou	nut
tarauder*, détarauder*	visser, dévisser	to screw, unscrew
tépe* (m)	*scotch*, ruban adhésif	tape
téper*	*scotcher*	to tape
torche (f)	*lampe à pétrole*; chalumeau	oil lamp; blowtorch
tordeur (m)	essoreuse	wringer (of washing machine)
vadrouille (f)	balai (à franges); balayeuse	mop; sweeper
vadrouiller	balayer	to mop; to sweep
valve* (f)	soupape; robinet	valve; tap
virebrequin* (m)	vilebrequin	brace and bit
wrench* (m)	clé	wrench

Sacres (Swear Words)

It is difficult to give exact translations of Québécois swear words. Unless otherwise indicated, words could be translated by "God damn it" or "Christ." The entries in lighter type are euphemisms corresponding to the original oath (e.g. darn instead of damn, cripes instead of Christ, heck instead of hell). "Câlice" and "Hostie," two of the strongest swear words, carry the same weight as "Fuck" in Canadian English. "Sacre" is Canadian French for "juron."

Il est très difficile de traduire les sacres québécois. La plupart des mots qui suivent correspondent à peu près à "God damn it" ou "Christ." "Câlice" et "Hostie," deux des sacres les plus forts, se traduiraient par "Fuck." Les mots qui suivent les sacres en caractères gras sont des euphémismes.

Acré gué!

Argya!

Baptême!
Baptiste!
Barnique!
Bâteau!
Batêche!
Batéye!
Batince!
Bâzwelle!

Bâtard! Maudit bâtard!

Bonyeu!
Bondance!
Bonguenne!
Bonguienne!
Bongyeu!
Bonjour!
Bonyenne!
Bonyieuse!
Bonyienne!Bonyousse!
Boyenne!
Vaingieu!
Vainyeu!
Veihyenne!
Vinghienne!
Vingieu!
Vingueu (m), Vingueuse (f)!
Vinguienne!

Vinyenne!
Vinyienne!

Bout de bon Dieu! Bout de calvaire! Bout de crime! Bout de crisse! Bout de sacre!

Câlice! Kâlice!
Câlasse!
Câlif!
Câline!
Câline de binnes!
Câlinne!
Câlique!
Calvinisse!

Calvaire!
Calvanasse!
Calvasse!
Calvette!
Calvince!
Cataplasse!

Christ!
Christie!
Christine!
Christophe!
Chrysostôme!
Clif!
Clisse!
Clousse!
Cric!
Crème!

Crime!
Crisse (qui pisse)!
Cristal!
Saint-sicrisse!
Sichrist!

Ciboire!
Câliboire!
Ciboîte!
Cibole!
Cibolaque!
Ciboule!
Ciboulette!
Ciboulot!
Cinliboire!
Gériboire!
Liboire!
Saint-ciboire!
Siblème!
Sibole!
Sybole!

Cré (= sacré)
Cré maudit!
Crétaque!
Cré tornon!

Crucifix!

Enfant de chienne!
Enfant de chique!
Enfant de nénanne, de nanane!

Esprit!

Étoile!
Étole!

Eucharistie!
Eucharesse!
Caresse!

Goddam!

Hostie!
Esti, Estie!
Hastie!
Hostie fi!
Hostie toastée!
Hostination!
Hostique!

Osti, Ostie!
Ostifi!
Ostination!
Sti, Stie!
Hostie au lard!
Hostie au paparmane!

Jésus-christ!
Jésome!
Jésus de plâtre!

Joualvert!

Marde! Maudite marde! (= shit)

Maudit! (= damn)
Mardi!
Maudasse!
Maudine!
Maudite!
Mautadit!
Morpion!
Morsac!
Motadit!
Saudi, Saudit!
Saudine!
Sautadites!
Zaudit!

Moses!
Mausus!
Mosus!

Ostensoir!
Ostensoir à pédale!

Paparmane! (= Gee whiz)

Patente à gosses! (= balls)

Sacrement!
Sacarment!
Sace!
Sacidoux!
Sacrable!
Sacrament!
Sacramente!
Sacre bleu!
Sacripant!
Sacramère!
Sacrement des fesses!

Salament!
Saprement!
Sapristi!

Sacrifice!
Sacréfice!

Sainte!
Saint-bénite!
Saint-chrème, Cinclème!
Saint-christ!
Saint-cibognac!
Saint-ciboire (à deux étages)!
Saint-esprit!
Saint-hostie, Saintostie!
Saint sacrement!
Saint sacrifice!
Saint sacripant!
Saint sicroche!
Saint tabarnak!
Sainte viarge!

Saperlipopette!

Sarpida!

Shit!
Chette!

Simonac, Simonacque, Simoniaque!

Tabernacle!
Barabbas!
Barnak, Barnaque!
Barouette!
Batarnak!
Kakarnak!
Tabarnac, Tabarnak, Tabarnaque!
Tabarnac à deux étages! Tabarnac percé!
Tabarnache!
Tabarnam!

Tabarnane!
Tabarniche!
Tabarnik, Tabarnique!
Tabarnouche!
Tabarouette!
Tabarsak!
Tabaslak!
Tabernache!
Tabernouche!
Taboire!
Taboîte!
Torbinouche!

Taboire!

Torrieu!
Torbinouche!
Torgieu!
Torguieu!
Torna!
Tornon!
Toron!
Torpinouche!
Torrienne!
Torrieuse!
Torvice, Torvis, Torvisse!
Toryeu!
Toryabe!

Varlope! (= son of a gun)

Verrat (m), Verasse (f)

Véreux (m), Véreuse (f)
Vérue!

Viande à chien!

Viarge!
Vargenie!
Viargenie!

NOTE: Most swear words can be used in the following ways:
Emplois particuliers:

1. Tabarnac, câlice, crime, sacrament, etc. = a real S.O.B., etc. C'est tabarnac à faire = It's a S.O.B. to do.

2. Un câlice de bon char, une crisse de chute, un torrieux de bon char, une torrieuse de bonne affaire, etc. = a hell of a nice car, a hell of a fall, etc. une

démangeaison du calvaire, du verrat, du tabarnaque, etc. = a real hell of an itch, etc.

3. Je l'haïs en câlice, il boit en hostie, en simonaque, etc. = I hate him like crazy, he drinks a hell of a lot, etc.

4. Il était en hostie, en chien, en crime, en crisse, en joualvert, en sacrement, etc. = He was mad as hell, etc.

5. C'est bien maudit, bien moses, bien ciboire, bien câlice, bien crisse, bien ta-bernacle = Shit! Christ! (expressing surprise or incredulity)

6. C'est câlissant, c'est crissant, c'est verrat = It's a piss-off.

7. Une affaire crissable, câlissable, maudissable = a hell of a thing

8. Je m'en câlisse, je m'en crisse, je m'en sacre, je m'en tabarnaque = I don't give a damn, etc.
Je m'en contre-câlisse, je m'en contre-crisse = I don't give a fucking damn.

9. Décâlisser, déconcrisser, contrecâlisser, contrecâlifier, etc. = to break, bust, wreck (things or people)

10. Je l'ai baptêmé, câlissé, crissé, câlifié, sapré, sacré, tabarnaqué dans le char. = I tossed, chucked, dumped it in the car.

11. Riche comme un crisse, comme un hostie, comme un tabarnaque, etc. = fucking rich

12. C'est sacrement, mauditement, torvissement bon = It's god damn good.

13. Le plus verrat, le plus crissant, etc., c'est qu'elle m'aime pas = The biggest damn put-off is that she don't love me.

14. Ma petite bonyeuse, mon petit verrat, crisse, etc. = my little son of a bitch, ass-hole, etc.

15. Au plus verrat, au plus crissant, au plus sacrant = in a bloody hurry, fuckin' fast

16. Déciboirisé, déconcrissé (décrocrissé), etc. = down, out of it

17. The different swear words may be combined in their various forms (adverb, adjective, noun, verb): désaintciboiriser, câliboire, contresaintciboiriser, etc.

Sexualité (Sex)

Québec	France/Québec	
s'accoter	*se coller*, vivre ensemble	to move in together, shack up
accoté*	(maîtresse, amant) qui vit à la colle	lover (with whom one lives)
agace (-pissette) (f)	aguicheuse, allumeuse	tease, cockteaser
se faire amancher	*se faire mettre cloque*	to get knocked up
ami de garçon*, chum*, tchomme*, cavalier*, faraud* (m)	(petit) ami, *mec*	boyfriend
amie de fille*, tchomme de fille*, blonde*, petite mère*(f)	(petite) amie, *nana, minette*	girlfriend
être en amour avec qn	être amoureux de qn	to be in love
tomber en amour avec qn	tomber amoureux de qn	to fall in love
être astiqué sur qn	être entiché de qn	to be stuck on s.o.
Elle a des atouts*.	Elle a du chien.	She's really sexy.
faire manger de l'avoine à qn*	*souffler la minette à qn*	to steal s.o.'s girl
être bandé sur qn	être toqué de qn	to be turned on to s.o.
bardache*, b'lingue* (m)	bisexuel	bisexual, s.o. who swings both ways
bec (m)	baiser, *bécot*	kiss, peck
becquer	*bécoter*	to kiss, peck
blonde (voir amie de fille)		
(vieux) boque, (vieux) buck (m)	vieux jeton	elderly lady-killer, gay dog
être une bonne botte	être une bonne baiseuse	to be a good lay
prendre une botte, revirer une botte, botter	*tirer un coup*	to get laid

Québec	France/Québec	
bougrine (f)	mot d'affection	darling, honey
se brancher (voir se ploguer)		
bras cassé, fif, fifi (m)	pédale, tapette	homosexual, queer
butch (f)	gouine, hommasse	butch
casser	rompre	to break up, separate
catin (f)	nana, pépé	doll, honey
chanter la pomme (à une fille)	baratiner	to talk up, sweet talk
chum (voir ami de garçon)		
avoir les yeux clairs	avoir les yeux sur les autres	to have roaming eyes
couchette (f)	coucherie	sleeping around
se crosser, prendre sa crossette, (se) faire (se passer) un jack, se passer un poignet	se branler, se faire sauter les joyeuses	to jerk off, pull oneself
belle crotte, petite crotte	terme d'affection; poupée	term of affection; chick
cruiser, être sur la cruise	draguer	to cruise, hustle
date*, déte* (f)	rendez-vous	date
déviarger (une fille), faire sauter la cerise	dépuceler, déniaiser	to deflower, to take a girl's virginity, cop her cherry
dodicher	peloter	to fondle, cuddle
faire de la façon à qn	flirter avec qn	to hustle, flirt with s.o.
farauder* qn	sortir avec qn	to go out with s.o.
fifi (voir bras cassé)		
fifine (f)	lesbienne	lesbian, lez
fourrer, mettre, planter qn	baiser, niquer qn	to screw s.o.
fourrer, se mettre, se planter	baiser, niquer, s'envoyer en l'air	to screw

Québec	France/Québec	
prendre une fourrette	baiser entre deux portes	to have a quick screw, a quickie
frencher (voir necking)		
faire la gaffe*	vivre de la prostitution	to live off prostitution
galanter*	flatter	flatter
guidoune, guedoune (f)	*femme de moeurs légères;* pute; *femme de mauvais goût*	loose woman, sleaze; whore; a made-up woman, floozie
jack (voir se crosser)		
Il est joseph.	Il est puceau.	He hasn't had it yet.
perdre sa josepheté*	se faire déniaiser	to lose one's virginity (man)
avoir le kick (kik)* sur qn, être stoqué* sur qn	avoir le béguin pour qn, être toqué de qn	to have a crush on s.o., be stuck on s.o.
lichette (f)	*taillage de plume*	blow job
loup, maquereau (m)	coureur, tombeur	wolf
Il marche.	*Il est comme ça.*	He's gay.
marcou*, matou* (m)	*homme très actif sexuellement*	womanizer
marier qn*	épouser qn, se marier avec qn	to marry s.o.
pas marieux*	célibataire endurci	not the marrying kind, confirmed bachelor
menette (f)	tapette	fairy
petite mère (f)	*nana*	girl, chick, girlfriend
mettre (voir fourrer)		
minouche (f)	*bécot,* caresse	peck, kiss, hug
minoucher	*bécoter,* caresser; flatter qn	to peck, kiss, hug; to butter s.o. up
minoune (f)	chérie; *nana*	term of affection; broad, chick
momoune, moumoune (f)	pédale	fairy, queer

Québec	France/Québec	
motté* (m)	*pédale qui se fait payer ou qui paie*	male prostitute
M.T.S.	maladie transmise sexuellement	sexually transmitted disease, V.D.
faire du necking, necker, frencher	*se peloter, se rouler un patin, rouler une pelle*	to neck, to French-kiss
faire du parking	*se peloter dans une voiture et dans un endroit isolé*	to park
dénicher des parkings	espionner ceux qui font du "parking"	to go bumper jumping
faire une passe*	faire une avance	to make a pass
pelote, plotte (f)	putain; femme légère	prostitute, hooker; easy woman
pimme*, pimp* (m)	souteneur, maquereau	pimp
pitoune* (f)	terme d'affection	term of affection
planter qn	baiser qn	to screw s.o.
pleurine, plorine (f)	*femme qui est moche*	ugly broad
se ploguer, se brancher	tirer un coup	to screw
être pogné sur qn	être entiché de qn	to be stuck on s.o.
poignasser, taponner	peloter	to pet, to neck
se poigner	se peloter	to pet
poignet (voir se crosser)		
popaille (f)	putain	whore
poudrée (f)	femme grimée; prostituée; travesti	painted, made-up woman; whore; transvestite
poupoune (f)	poupée, bébé	doll, chick
mère aux prunes* (f)	*terme d'affection*	term of affection for a mother
en rabette	en rut	horny
sauteux de clôtures (m)	don Juan	womanizer

Québec	France/Québec	
Les sauvages ont passé.	La cigogne a passé.	The stork has come.
scéner*, seiner*	racoler; quêter	to hustle, walk the street (prostitute); to beg
serin (m)	*jeune homosexuel un peu efféminé*	chicken (young, effeminate homosexual)
sexé	sexy	sexy
en snette	chaude, en rut (une femme)	horny (woman)
sortir steady*	se voir régulièrement	to go steady
sucette (f)	*suçon*	hickey
suivant* (m)	garçon d'honneur	best man
suivante* (f)	fille d'honneur	maid of honour
taponner (voir poignasser)		
tchomme* (m, f)	copain; petit ami, petite amie	buddy, chum; boyfriend, girlfriend
tomber dans l'oeil de qn	taper dans l'oeil de qn	to catch s.o.'s eye, to attract s.o.
toune (f)	poupée; putain	broad; prostitute
toutoune, toune (f)	*terme d'affection pour une femme*; pleine de soupe	honey, hon; fat lady, tub o'lard
traînée (f)	pute	whore
tripoteux (m)	peloteur	cuddler, s.o. with "Roman" hands
trotter, être sur la trotte, partir sur la trotte	courailler	to run around, chase after the opposite sex, to cruise
être trotteuse	être un peu coureuse	to be boy crazy, to be a flirt

Sports

Québec	France/Québec	
aréna (m, f)	centre sportif, *palais des sports*, stade	arena, rink
balle molle (f)	softball	softball
ballon-balai (m)	*jeu qui ressemble au hockey sur glace*	broomball
ballon-panier	basket-ball, *basket*	basketball
ballon-volant	volley-ball	volleyball
baseball (m)	base-ball	baseball
bâton (m)	*batte; crosse*	(baseball) bat; (golf) club
bâton, hockey* (m)	*crosse*	(hockey) stick
baucher avec qn*	faire la course avec qn	to have a race with s.o.
blanchir	*gagner en empêchant l'adversaire de marquer un point*	to shut out
blanchissage (m)		shut-out
camp d'entraînement (m)	*lieu où s'entraînent les joueurs avant la saison sportive*	training camp
chambre des joueurs* (f)	vestiaire	dressing room
club* (m)	équipe	club, team
club-ferme* (m), filiale (f)	*équipe qui est affiliée à une autre*	farm club
coach*, instructeur, pilote (m)	*entraîneur*	coach
coacher*, piloter	entraîner	to coach
colisée (m)	stade	coliseum
compte, pointage (m)	point, score	score, scoring
compter	marquer, scorer	to score

Québec	France/Québec	
compteur (m)	marqueur, *buteur*	scorer
course sous harnais (f)	course attelée	harness racing
dépisteur (m)	éclaireur, *scout*	scout
directeur gérant (m)	directeur	general manager
disque (m), puck*, rondelle (f)	*palet*	puck
épaulière (f)	*protège-épaules*	shoulder pad
football (m)	*football américain*	football
game*, joute* (f)	match, partie	game
gérant (m)	*directeur, manager*	manager
glissette (f)	glissoire; glissade	slide; sliding
glissoire à tobagane (f)	glissade	toboggan slide
hockey (m)	*hockey sur glace*	hockey
hockey sur gazon	*hockey*	field hockey
hockey de salon	*hockey joué dans un gymnase, etc.*	floor hockey
jeu de la crosse (m)	*jeu d'origine indienne*	lacrosse
faire du jogging, jogger, faire de la course à pied	*faire du footing*	to jog
joueur de baseball (m)	*baseballeur*	baseball player
joueur de football	*footballeur*	football player
joueur de hockey	*hockeyeur*	hockey player
le Toronto, le Canadien	les Torontois . . .	Toronto, Canadiens
laver (une équipe)	écraser (une équipe)	to cream (a team)
ligue (f)	*championnat*, division	league
lutte (f)	*catch*	wrestling
lutteur (m)	*catcheur*	wrestler
mitaine (f)	gant	mitt, glove

Québec	France/Québec	
omnium (m)	tournoi, *open*	open (tournament)
partie de balle* (f)	match de base-ball	ball game
pratique (f)	entraînement	practice
punir	pénaliser	to penalize
punition (f)	penalty, pénalité, *sanction*	penalty
quilles (f, pl)	bowling	bowling
raquetteur (m), raquetteuse (f)	*personne qui fait de la raquette*	snowshoer
repêcher	*prendre un joueur dans une ligue mineure*	to draft
mettre au repêchage, offrir au repêchage	libérer un joueur	to put on waivers, to release
ringuette (f)	*hockey joué avec un anneau de caoutchouc*	ringette
ronde (f)	round	round (boxing)
rouli-roulant (m)	*petite planche à roulettes*	skateboard
soccer (m)	football	soccer
tenter	dresser la tente	to put up a tent, pitch tent
traîne sauvage* (f)	toboggan	toboggan

The following section contains sports that are practised in Canada and for which European French vocabulary either does not exist or is different.

Les sports suivants ne se pratiquent pas en France ou ont une terminologie différente de celle du Canada.

Baseball

Québec

les positions (positions)

(joueur d') arrêt-court, inter (m)	shortstop
(joueur de) deuxième but, deuxième-but (m)	second baseman

Québec

(joueur de) premier but, premier-but (m)	first baseman
(joueur de) troisième but, troisième-but (m)	third baseman
lanceur (m)	pitcher
receveur (m)	catcher
voltigeur de centre, (joueur de) champ centre (m)	centre fielder
voltigeur droit, (joueur de) champ droit	right fielder
voltigeur gauche, (joueur de) champ gauche	left fielder

autres joueurs (other players)

cogneur, frappeur (m)	hitter
coureur (m)	runner
coureur auxiliaire	pinch runner
frappeur (m)	batter
frappeur auxiliaire, frappeur suppléant	pinch hitter
frappeur désigné	designated hitter
frappeur d'occasion, frappeur d'urgence	clutch hitter
joueur d'utilité (m)	utility player
(lanceur) débutant, partant (m)	starting pitcher
lanceur de relève (m)	relief pitcher
lanceur gagnant	winning pitcher
lanceur perdant	losing pitcher

les coups (hits)

balle fausse (f)	foul (ball)
ballon (m), chandelle (f)	fly
(coup de) circuit (m)	home run
coup retenu, amorti (m)	bunt
coup sûr	base hit
double (m)	double

Québec

flèche (f)	line drive
grand chelem (m)	grand slam
roulant (m), roulante (f)	grounder, ground ball
sacrifice (m) (ballon sacrifice, etc.)	sacrifice (sacrifice fly, etc.)
simple (m)	single
triple (m)	triple

les lancers (pitches)

balle (f)	ball
balle (cassante) (f)	breaking ball
(balle) courbe (f)	curve (ball)
(balle) glissante (f)	slider
(balle) jointure, (balle) paume (f)	knuckleball
(balle) mouillée (f)	spitball
(balle) rapide (f)	fast ball
(balle) tombante, descente (f)	sinker
changement de vitesse (de rapidité), papillon (m)	change-up
à l'extérieur	on the outside
à l'intérieur	on the inside
prise (f)	strike
tire-bouchon (m)	screwball

le jeu (the game)

arbitre (m)	umpire
attrapé (m)	catch
attraper, saisir	to catch
balle échappée (f)	passed ball
but sur balles (m)	walk
claquer, cogner, frapper	to hit

Québec

cours-et-frappe, frappe-et-cours (m)	hit-and-run
croiser le marbre	to cross home plate
double jeu (m)	double play
élan (m)	swing
s'élancer	to swing
erreur (f)	error
jeu forcé (m)	force play
lancer	to pitch, to throw
lancer (m)	pitch, throw
manche (f)	inning
optionnel (m)	fielder's choice
passe intentionnelle (f)	intentional pass, walk
points mérités (m, pl)	earned runs
points produits (m)	runs batted in
présences au bâton (f)	at-bats
programme double (m)	double header
retirer	to put out
retiré, mort	out
retirer sur trois prises	to strike out, to put out on strikes
être retiré sur trois prises	to strike out, to be struck out
être retiré sur décision de l'arbitre	to be called out
être retiré sur élan	to go down swinging
retrait (m)	out
retrait au bâton (m)	strike-out
retrousser	to pop up
sauf	safe

Québec

être déclaré sauf	to be called safe
glisser sauf	to slide in safely
triple jeu (m)	triple play
voler un but	to steal a base

le champ (the field)

abri des joueurs (m)	dugout
avant-champ, inter (m)	infield
but, coussin (m) (premier, deuxième, troisième)	base (first, second, third)
clos de pratique (m)	bull pen
coussins remplis (m, pl)	bases loaded
cercle d'attente (m)	on-deck circle
champ centre (m)	centre field
champ droit (m)	right field
champ extérieur, arrière-champ (m)	outfield
champ gauche (m)	left field
filet d'arrêt (m)	back stop
ligne de jeu (f)	foul line
losange (m)	diamond
marbre (m)	home plate
monticule (m)	(pitcher's) mound
plaque du lanceur (f)	pitcher's plate
rectangle des instructeurs (m)	coach's box
rectangle du frappeur (m)	batter's box
rectangle du receveur (m)	catcher's box
sentiers (m, pl)	base paths
sur les sentiers	on base

Québec

Curling

les joueurs (the players)

balayeur (m)	sweeper
curleur, euse	curler
équipe (f)	rink
joueur de curling (m)	curler
meneur, premier (m)	lead
deuxième (m)	second
sous-capitaine, troisième (m)	third
capitaine, skip* (m)	skip

la patinoire (the rink)

appuie-pieds (m)	hack
centre (m)	tee
cercle (m), maison (f)	house
cercle bleu extérieur, cercle rouge intérieur	blue outer circle, red inner circle
cercle de douze, huit, etc. pieds (m)	twelve-foot, eight-foot, etc. circle
ligne arrière	back score line
ligne de balayage	sweeping score line
ligne de centre	centre line
ligne de départ (f)	hack
ligne de jeu	hog score line
ligne latérale	lateral line
ligne de la mouche	tee line

le jeu (the game)

bouton (m), mouche (f)	button

Québec

balai (m)	broom
blanchir un bout	to blank an end
bonspiel (m)	bonspiel
borne (f)	dolly
bout (m), manche (f)	end
Le cercle est vide.	The house is clean.
chasser une pierre	to take out a rock
double (sortie) (f)	double
Une équipe a une pierre-cible, deux pierres-cible . . .	A team lies one, two . . .
fermer la porte	to guard
fouetter	to clean out the house
frotter, raser une pierre	to rub a rock
garde (f)	guard (rock)
glace lente, rapide (f)	slow, fast ice
lancer, tirer une pierre	to deliver a rock
lancer vers l'extérieur (m)	out-turn shot
lancer vers l'intérieur (m)	in-turn shot
ligne de départ (f)	foot score line
ligne de jeu, de cochon (f)	hog line
maison (f)	house
marquer, réussir un point, deux points . . .	to count one, two . . .
mordeuse (f)	biter (biting stone)
pierre, roche˙ (f)	rock
pierre blanche, rouge, etc.	white, red rock, etc.
pierre brûlée (brûler une pierre)	burnt rock (to burn a rock)
pierre-cible	shot rock

Québec

pierres gelées	freeze
placement (m)	draw (shot)
placer une pierre	to draw
faire ricochet	to hit and roll

Football

les positions (the positions)

aile (f), ailier (m)	end
ailier défensif droit (m)	right defensive end
ailier éloigné, espacé (m)	split end
ailier rapproché, inséré (m)	tight end
botteur de précision (m)	place kicker
centre (m)	centre
(centre) arrière (m)	fullback
coin (m)	cornerback
défensif secondaire, secondeur (intérieur, du centre, etc.) (m)	(inside, centre, etc.) linebacker
demi (-arrière) (m)	halfback
demi-inséré (m)	slotback
demi de coin gauche, demi de coin droit	left cornerback, right cornerback
demi de sûreté gauche, demi de sûreté droit	left safety back, right safety back
flanqueur (m)	flanker
garde (m)	guard
plaqueur (m)	tackle
plaqueur droit	right defensive tackle
quart-arrière, quart (m)	quarterback
voltigeur (m)	flying wing

Québec

autres joueurs (other players)

arrière, demi de sûreté (m)	safety back
bloqueur (m)	blocker
bloqueur droit, bloqueur gauche	right tackle, left tackle
botteur (m)	kicker
(demi-arrière, etc.) défensif (m)	defensive (halfback, etc.)
gagneurs de terrain (m)	ground gainers
joueur de ligne (m)	lineman
joueur au sol	rusher
ligne d'attaque (f)	front line
ligne défensive	defensive line
ligne primaire	forward line
ligne tertiaire, champ-arrière	backfield
(demi-arrière, etc.) offensif	offensive (halfback, etc.)
receveur de passes (m)	pass receiver

le jeu (the game)

attaque (f)	offensive
attraper	to catch
attrapé (m)	catch
ballon (m)	football
bloc, bloquage (m)	blocking
bloquer	to block
botté (m)	kick
botté de dégagement	punt
botté d'envoi, de reprise	kick-off
botter	to kick
caucus (m)	huddle

Québec

course hors bloqueur, course hors plaqué (f)	off tackle play, rush
course hors l'aile	end play
défense (f)	defensive
échappé (m)	fumble
échapper (le ballon)	to fumble (the ball)
éclaireur (m)	spotter
engagement, quart (m)	quarter
en touche	in touch
essai, jeu (m)	down
formation double (f)	double-wing formation
formation de botté	punt formation
formation simple	single-wing formation
formation T-espacé	split-T formation
gains de 20 verges . . . au sol, dans les airs	20 yards gained . . . rushing, passing
hors jeu (m)	offside
intercepter	to intercept
interception (f)	interception
jeu d'attiré (m)	drawplay
jeu facultatif	option play
jeu renversé	reverse play
jeu de surprise	sleeper
(jeu de) tracé (m)	pattern play
lancer du ballon (m)	pitch-out
latéral (m), passe latérale (f)	lateral
mesureurs (m, pl)	yardsmen
passe (f)	pass

Québec

passe arrière	drop pass
passe avant	forward pass
passe crochet	hook pass
passe de côté	swing pass
passe voilée	screen pass
passer	to pass
percée, poussée (f)	rush
plaqué (m)	tackle
plaquer	to tackle
remise (f)	hike, hand-off
remise du ballon	hand-off
retour de botté (m)	punt return
retour du botté d'envoi	kick-off return

le pointage (the score)

botté de placement, placement (m)	place kick, field goal
rouge, simple (m)	single
série au total des points (f)	total point series
converti (m), transformation (f)	convert
convertir un touché	to convert a touchdown
majeur (m)	major
touché (m)	touchdown
touché de sûreté (m)	safety touch

punitions (penalties)

assaut (de côté, par derrière) (m)	clipping
interférence*, obstruction (illégale) (f)	interference
juge du jeu (m)	field judge
juge des lignes	linesman

Québec

mise au jeu illégale (f)	illegal procedure
mouchoir (m)	flag
pour avoir retenu	holding
pour rudesse	roughing

le terrain (the field)

but (m)	goal
chaînes (f, pl)	markers
champ arrière (m)	backfield
ligne de but (f)	goal line
ligne de mêlée	scrimmage line
ligne de trente verges, etc.	thirty-yard line, etc.
lignes des côtés	sidelines
ligne de fond	end line
ligne de touche	sideline
ligne des verges	yard line
poteau de but (m)	goal post
trait de mise en jeu (m)	inbound line
zone neutre	neutral zone
zone de but	end zone

Golf

adoucir, fader*	to fade
aiglon, eagle (m)	eagle
aligner	to line up
allée (f)	fairway
allée d'entraînement (f)	practice fairway
aller, premier neuf (m)	front nine

Québec

approche (f), coup d'approche (m)	approach shot
atelier du pro (m), boutique (f)	pro shop
backspin*, effet de rétro (m)	backspin
ballant, élan, geste, mouvement (m) (élan ascendant, montant; élan descendant)	swing (backswing; downswing)
bâton (m), canne (f)	club
birdie, oiseau (m)	birdie
blaster*, éjecter, exploser	to blast, explode
bogué (m)	bogey
un double bogué	a double bogey
bois (m)	wood
cadet (m)	caddie
caler, empoigner, empocher	to sink
carte (f)	score card
chalet (m)	clubhouse
chemin (m)	cart path
chemin du retour (m) deuxième neuf (m)	back nine
chiper, cocher	to chip
chipeur (m), coche (f)	chipper
chariot (m)	pull cart
circuit (m)	circuit
claque (f), coup de départ (m), décoche, drive* (f)	drive
claquer, décocher, driver*	to drive
claqueur, décocheur, driveur* (m)	driver
coché-amorti (m)	chip and bite
coché-roulé (m)	chip and run
coup éjecté, explosif (m)	explosion shot

Québec

coup adouci (m)	fade
grande canne (f), driver (m)	driver
cocher	to wedge
cocheur (d'allée), fer plat, wedge* (m)	pitching wedge
cocheur de sable, wedge de sable* (m)	sand wedge
coudé, dog leg* (m), patte de chien (f)	dog leg
coup roulé, putt*, roulé (m)	putt
faire un coup roulé, putter*	to putt
coup d'allée	fairway shot
coupe (f)	cup
crampon (m)	spike
crochet, hook* (m)	hook
départ, tertre (m)	tee, tee area
dérouter, shanker*	to shank
coup dérouté, shank* (m)	shank
direction (f)	line
drapeau, fanion (m)	flagstick
eau fortuite (f)	casual water
éclisse, slice, vrille (f)	slice
éclisser, slicer, vriller	to slice
effet mordant (m)	bite
effet accéléré, topspin (m)	topspin
face (f)	clubface
fer (m)	iron
fer droit, putteur (m)	putter
fosse de sable, trappe de sable* (f)	sand trap
frais de jeu (m)	green fees

Québec

frise (f), tablier (m)	apron
golfer	to golf
handicap (m)	handicap
herbe haute (f), rough (m)	rough
hors-limite (m)	out of bounds
lire le vert	to read the green
lisière (f)	fringe
manche (f)	shaft
marquer, spotter*	to mark, to spot
masser, puncher	to punch
motte (de gazon) (f)	divot
normale (f)	par
obstacle d'eau (f)	water hazard
omnium (m)	open tournament
parcours (m)	course
partie par trous (f)	match play
partie par coups	stroke play, medal play
poignée (f)	grip
pose (f)	lie
position (des pieds), posture, stance* (f)	stance
poteau (m)	pin, stick
pousser (sa balle à droite)	to push the ball
prise juxtaposée (f)	baseball grip
prolongé (m)	follow-through
punch (m), approche retenue (f)	punch shot
quatre au-dessous, au-dessus	four under, over
quatuor (m)	foursome

Québec

ramener une carte de (80, etc.)	to shoot a round (of 80, etc.)
ronde (f), tour (m) ☞	round
roulé (en) descendant, (en) montant (m)	downhill, uphill putt
tee*, té (m)	tee
terrain de pratique (m)	driving range
tête (f)	clubhead
tirer sa balle à gauche	to pull the ball
topper*	to top
tournoi-invitation (m)	invitational tournament
trou d'un coup, en un coup (m)	hole-in-one
vert (m)	green
vert d'entraînement, vert de pratique	putting green
visée (f)	address
voiturette (f)	electric cart

Hockey

les positions (the positions)

aile droite (f), ailier droit (m)	right wing, right winger
aile gauche (f), ailier gauche (m)	left wing, left winger
avant (m)	forward
centre, joueur de centre (m)	centre
cerbère, gardien de buts, gauleur* (m)	goalie, goal tender
défenseur, joueur de défense (m)	defence player, defenceman

autres joueurs (other players)

couvreur, surveillant (de qn) (m)	(someone's) check
étoile (f)	star
gros canon (m)	big gun, high scorer

Québec

un bon manieur de bâton	a good puck handler
pointeur (m)	point getter, scorer
recrue (f)	rookie
tueur de punitions (m)	penalty killer
vétéran (m)	veteran

le jeu (the game)

attaque à cinq (f), jeu de puissance (m)	power play
couvrir, surveiller (qn)	to be (someone's) check
crochet (m)	poke check
dégagement illégal, dégagement refusé (m)	icing
dégager	to ice the puck; to clear the puck
donner de la bande	to check into the boards
échappée (f)	breakaway
échec (m), mise en échec (f)	check, checking
mettre en échec	to check
échec arrière, repli; échec avant	back-checking; forechecking
faire déborder un joueur	to take a player out of the play
gauler*	to play goal
hors-jeu (m)	offside
immobiliser la rondelle	to freeze the puck
jeu d'attiré (m)	draw play
lancer	to shoot
lancer (m)	shot
lancer du revers	back-hand shot
lancer du poignet	wrist shot

Québec

lancer frappé	slapshot
mise au jeu (f)	face-off
montée (f)	rush
passe (f)	pass
passer	to pass
pénaliser, punir	to penalize, to give (s.o.) a penalty
retour, rebond* (m)	rebound
tricoter	to stickhandle

le pointage (the score)

aide, assistance (f)	assist
annuler, faire match nul	to tie
but, filet (m)	goal, net
chronométreur (m)	timekeeper
marqueur (m)	scorer
match nul (m), nulle (f)	tie
tour du chapeau, truc du chapeau (m)	hat trick

la patinoire (the rink)

banc des joueurs (m)	players' bench
but (m)	goal
réchauffer le banc	to be benched
baie vitrée (f)	glass
banc des punitions	penalty box
bande, clôture, rampe (f)	boards
cage (f), filet (m)	net
centre (m)	centre
filet désert (m)	empty net

Québec

bouche du filet (f)	goalmouth
cercle de mise au jeu (m)	face-off circle
ligne bleue (f)	blue line
ligne centrale	centre line
ligne de but	goal line
ligne rouge	red line
loge de juge de but (f)	goal judge's box
point de mise au jeu	face-off spot
pointe (f)	point
rectangle du gardien (m), zone de but (f)	goal crease
territoire (m), zone (f)	zone (defensive, offensive)

punitions (penalties)

lancer de punition (m)	penalty shot
pénalité, punition (f)	penalty
punition de banc, d'équipe (f)	bench penalty
punition d'inconduite, punition de mauvaise conduite	misconduct penalty
punition de match, de mauvaise conduite, de partie	match penalty, game misconduct
punition majeure	major penalty
punition mineure	minor penalty
pour assaut	for charging
pour avoir accroché	for hooking
pour avoir cinglé	for slashing
pour avoir dardé	for spearing
pour avoir donné du genou	for kneeing
pour avoir donné un coup de coude	for elbowing
pour avoir fait trébucher	for tripping

Québec

pour (avoir porté son) bâton (trop) élevé	for highsticking
pour avoir retenu	for holding
pour avoir retardé la partie	for delaying the game
pour échec, pour charge au bâton	for cross-checking
pour obstruction	for interference
pour plaquage illégal	for boarding
pour rudesse	for roughing
pour s'être battu	for fighting

divers (miscellaneous)

arbitre (m)	referee
atome (m)	atom
en avantage (numérique)	on a power play
bantam (m)	bantam
calendrier régulier (m)	regular schedule
clause de réserve (f)	reserve clause
coupe Stanley (f)	Stanley Cup
culotte (f)	pants
en désavantage (numérique)	shorthanded
engagement (m), période (f), vingt (m)	period
juges de ligne (m, pl)	linesmen
junior A, B . . . sénior A . . .	junior A, B . . . senior A . . .
juvéniles (m)	juveniles
lame, palette* (f)	blade (of stick)
ligue mineure, majeure (f)	minor, major league
match hors-concours	exhibition game
match-suicide	sudden death game
midget (m)	midget

Québec

moustiques (f)	mosquitoes
officiel (m)	official
pee wee (m)	pee wee
période supplémentaire (f), prolongation (f), surtemps (m)	overtime
séries éliminatoires (f)	play-offs

Quilles (Bowling)

abat (m)	strike
allée, piste (f)	alley, lane
approche*, piste d'élan (f)	approach
boule (f)	ball
boulier (m)	ball rack
bowling, jeu de quilles (m), quilles (f, pl)	bowling
bowling (m), salle de quilles (f), salon de quilles (m)	bowling alley, lanes
bris écarté (m), chandelle (f)	split
carreau (m) (carreau ouvert)	frame (open frame)
dalot (m), gouttière* (f)	gutter
feuille de pointage (f)	scoresheet
fosse arrière, fosse de réception (f)	pit
lancer (m)	throw
lancer à effet	curve ball
ligne de jeu (f)	foul line
mur amortisseur (m)	cushion
quille (f)	pin
cinq-quilles	fivepins
grosses quilles	tenpins
marqueur, euse	scorer

Québec

petites quilles	duckpins
point-repère (m)	marker
quille-maîtresse, quille numéro un, quille-reine	head pin, king pin
quilleur (m)	bowler
rail de renvoi (m)	ball return track
réserve (f)	spare
soulier de quilles (m)	bowling shoe

Système judiciaire (Judicial System)

Québec	France/Québec	
assermentation (f)	prestation de serment	swearing in
assermenter	faire prêter serment	to swear in
avocat de la Couronne, procureur de la Couronne (m)	*équivalent du procureur de la République*	Crown prosecutor
code criminel (m)	code pénal	criminal code
conseiller de la reine (m))	*titre honorifique conféré à un avocat*	Queen's Counsel
Votre Honneur, Votre Seigneurie	Monsieur le Juge	Your Honour
libelle* (m)	diffamation	libel
libelleux*	diffamatoire	libellous
ordre en conseil (m)	*décret-loi*	order in council
outrage au tribunal, mépris de cour* (m)	injure au tribunal	contempt of court
preuve circonstancielle, de circonstance (f)	*preuve par présomption*	circumstantial evidence
rapports judiciaires (m)	*recueils de jurisprudence*	law reports
solliciteur (m)	conseiller juridique	solicitor
témoin de la défense (m)	*témoin à décharge*	defence witness
témoin de la Couronne	*témoin à charge, de l'accusation*	Crown witness

Cours (Courts)

cour criminelle	*cour d'assises*	criminal court
cour juvénile	tribunal pour enfants	juvenile court
cour municipale	*tribunal de police*	municipal court
cour supérieure	*tribunal de grande instance*	superior court (Quebec)
cour suprême	*cour de cassation*	supreme court

Québec	France/Québec	
cour du banc de la reine	*cour d'appel, tribunal de jugement*	court of the Queen's bench
cour de l'échiquier	*cour des comptes*	court of the exchequer
cour de magistrat, cour provinciale	*tribunal d'instance*	magistrate's court
cour des sessions de la paix	*tribunal de grande instance*	court of general sessions of the peace

Temps (Weather)

Québec	France/Québec	
ajets* (m, pl)	signes de mauvais temps	signs of bad weather (in the sky)
s'amollir	s'adoucir	to get milder
averse de neige (f)	petite tempête de neige	snow shower
barre du jour* (f)	aube	dawn, daybreak
bordée de neige (f)	*forte tombée de neige*	heavy snowfall
brumasser	bruiner	to drizzle, spit
faire brun*	faire nuit (crépuscule)	to be getting dark
à la brunante	au crépuscule, à la nuit tombante	at dusk, at nightfall
se chagriner*	s'assombrir	to get dark
clair d'étoiles (m)	clarté des étoiles	starlight
cru	froid et humide	raw
crudité (f)	humidité froide	raw weather
doux-temps (m)	*temps relativement doux suivant un grand froid*, dégel	milder weather, mild spell, spring thaw
Il éclaire.	Il y a des éclairs.	It's lightning.
s'enneiger	se prendre dans la neige	to get caught in the snow
été des Indiens (m)	*été de la Saint-Martin*	Indian summer
fret*, frette*	très froid	really cold
fret noir*, fret sec* (m)	*froid sibérien*	freezing cold
frimasser	produire du givre	to frost
froid bleu*	*froid noir*	freezing cold
froidure (f)	froid	cold
galarneau* (m)	soleil	sun
gelasser	geler légèrement	to be just freezing

Québec	France/Québec	
grêlasser	grêler légèrement	to be hailing a bit
Il fait méchant.*	Il fait mauvais.	It's lousy weather.
se morpionner*	se gâter	to get worse
mouillasser	crachiner	to be spitting, drizzling
mouillasseux*, mouilleux*	pluvieux	rainy
mouiller*	pleuvoir	to be raining
neigeasser, neigeailler	neiger légèrement	to be snowing a bit
neiges (f, pl)	saison des neiges	wintertime
noirceur (f)	obscurité	darkness
pesant	lourd	heavy
Il pleut à boire debout, à siaux, à plein temps.	. . . à seaux, à verse	It's pouring. It's raining cats and dogs.
pleuvoir des clous	*tomber des cordes*	to rain hard
pluie verglaçante	*pluie qui gèle*	freezing rain
poudrer	*voler en tourbillonnant (neige)*	to swirl (snow)
poudrerie (f)	rafale de neige, *blizzard*	snowstorm, blowing snow (powdery snow)
rafaler	*souffler par rafales*	to gust (wind, snow)
renfrédir*, renfroidir*	refroidir	to turn cold
sorcière*, tourniquette* (f)	petite tornade	twister
sucres (m, pl), temps des sucres (m)	*période du printemps où on fabrique le sucre d'érable*	maple syrup time
température* (f)	temps	weather
une belle température*	un beau temps	good, nice weather
tempête des corneilles*	tempête de fin d'hiver	late snowstorm
tomber par paquets, en paquets, tomber des clous	tomber à seaux	to come down in buckets (rain, snow)
venter	*faire du vent*	to be windy
venteux	*éventé, venté*	windy

Travail et industrie (Work and Industry)

Québec	France/Québec	

Bureau (Office)

affiler, aiguiser	tailler	to sharpen
babil*, babillard (m)	tableau d'affichage	bulletin board, billboard
barbeau, barbot (m)	tache d'encre, pâté; griffonnage	(ink) blot; scribbling
brocher*	agrafer	to staple
brocheuse* (f)	agrafeuse	stapler
dactylo*, dactylographe* (m)	machine à écrire	typewriter
efface (f)	gomme (à effacer)	rubber, eraser
enregistreuse* (f)	magnétophone	tape recorder
étampe* (f)	buvard; tampon	blotter; rubber stamp
étamper*	timbrer	to stamp
filière* (f)	classeur, fichier	filing cabinet, file
fion (m)	signature ornementée	fancy signature
forger* une signature	contrefaire . . ., *faire un faux*	to forge a signature
formule (f)	formulaire	form
indexer	mettre dans l'index	to index
initialer*	parapher	to initial
initiales* (f, pl)	paraphe	initials
mémo*, mémorandum (m)	note, message	memo, memorandum
papier indien (m)	papier de Chine	India paper
papier ligné	papier réglé, papier rayé	lined paper
papier oignon	papier pelure	onionskin
saucer une plume*	tremper une plume	to dip a pen

Québec	France/Québec	

Métiers (Jobs)

acériculteur, rice	*personne qui exploite une érablière*	sugar bush operator
acériculture (f)	*exploitation d'une érablière*	sugar bush industry
agent de réclamation (m)	*expert (en évaluation)*	adjuster
assistant (gérant, etc.)	adjoint; aide	assistant (manager, etc.)
assureur* (assureur-vie*, etc.) (m), assureuse (f)	agent d'assurances	(life, etc.) insurance agent
barbier* (m)	coiffeur (pour hommes)	barber
bonceur* (m)	videur	bouncer
bookie*, preneur aux livres (m)	*bookmaker*	bookmaker, bookie
bourgeois* (m)	patron, *singe*	boss
briqueleur* (m)	briqueteur	bricklayer
briqueler*	briqueter	to lay bricks
bûcheur*, bûcheux*, homme de chantier* (m)	bûcheron	lumberjack; woodcutter
cageux (voir draveur)		
camelot (m)	vendeur ou livreur de journaux	person who delivers or sells newspapers
chansonnier (m)	auteur-compositeur-interprète	song writer and singer
chiropraticien (m), chiropraticienne (f), (abrév.: chiro)	chiropracteur	chiropractor
col bleu (m)	travailleur manuel	blue-collar worker
colleur* (m)	mesureur de bois	culler
commis d'épicerie, de pharmacie, etc.	*petit employé*	grocery, drug store clerk
comptable agréé (m)	*expert comptable*	chartered accountant
conseiller en orientation (m)	orienteur	guidance counsellor

Québec	**France/Québec**	
travailler dans (sur) la construction*	travailler dans le bâtiment	to be a construction worker
contracteur*, jobbeur* (m)	entrepreneur à forfait	contractor
sous-contracteur	sous-traitant	subcontractor
cotiseur, évaluateur* (m)	estimateur, *chiffreur*	evaluator
coureur de bois (m)	*commerçant qui achetait les fourrures des Indiens*	coureur de bois
courtier en immeubles, courtier en valeurs immobilières	agent immobilier, *marchand de biens*	real estate broker
débardeur (m)	*docker*	longshoreman
débosser*, débosseler	*travailler comme tôlier*	to do bodywork
débossage*, débosselage (m)	*tôlerie, carrosserie*	bodywork
débosseur*, débosseleur (m)	*tôlier, carrossier*	body-shop worker, bodyman
djobbe (voir job)		
draveur, cageux*, raftman* (m)	*flotteur*	raftsman, logger, driver
embouteilleur (m)	*compagnie qui met en bouteilles les eaux gazeuses*	(soft drink) bottling company
encan (m)	vente aux enchères	auction (sale)
encanter	vendre aux enchères	to auction off
encanteur (m)	*commissaire-priseur*	auctioneer
entrepreneur des pompes funèbres (m)	*ordonnateur des pompes funèbres*	funeral director, undertaker
évaluateur (voir cotiseur)		
fâreman*, foreman* (m)	contremaître	foreman
frotteur (m)	cireur	shoeshine boy, bootblack
garde* (f)	garde-malade	nurse
garde-feu (m)	garde forestier	forest ranger, fire warden
gérant (m)	directeur; imprésario; *manager*	manager (in all types of businesses)

Québec	France/Québec	
gérant général	directeur en chef	general manager
gérant de banque	directeur . . .	bank manager
gérant de production	responsable de la fabrication	production manager
gérant des ventes	directeur commercial	sales manager
guenillou, guénillou (m)	marchand de chiffons	rag man, junkman
habitant (m)	cultivateur; *cul-terreux*	farmer; hick
helpeur* (m)	aide	helper
hobo* (m)	vagabond	hobo
homme de chantier (voir bûcheur)		
homme engagé (m)	*valet de ferme*	hired man
incorporée (compagnie)	*constituée*	incorporated
incorporation (d'une compagnie)	*constitution*	incorporation (of a company)
infirmière autorisée, licenciée (f)	infirmière diplômée	registered nurse
job, jobbe*, djobbe* (f)	*job (m)*	job
jobbine* (f)	petit travail	small job, odd job
jobbeur* (m)	intermédiaire; entrepreneur; travailleur à la pièce	middleman, retailer; contractor; piece worker
jobbeur (voir contracteur)		
journalier (m)	manoeuvre	labourer
junior*	secondaire, inexpérimenté	junior (clerk, etc.)
licencié (électricien, etc.)	*breveté, patenté*	licenced (electrician, etc.)
limitée (ltée)	Cie, *société anonyme*	. . . limited
marchand de tabac, tabagiste (m)	*buraliste*	tobacconist
modiste (f)	couturière	dressmaker
motelier, ière	propriétaire de motel	motel owner

Québec	France/Québec	
nettoyeur (à sec) (m)	*teinturier*	dry cleaner
nursing (m)	études d'infirmières	nursing
ouvrier* (m)	menuisier	carpenter
ouvrier général	ouvrier à tout faire	general help
patenteux*	artisan; *qn qui fabrique des objets et les vend lui-même*	artisan; (small) craftsman, folk artist
paysagiste (m)	architecte paysagiste	landscaper
personne-ressource (f)	conseiller	resource person
pilote de brousse (m)	*pilote dans le Nord canadien*	bush pilot
pisseuse* (f)	bonne soeur	nun, penguin
placier (m), placière (f)	*ouvreuse*	usher, usherette
preneur aux livres (voir bookie)		
privé	particulier	private (secretary, etc.)
professionnel (m), professionnelle (f)	membre des professions libérales	professional (person)
raftman (voir draveur)		
ramancheur* (m)	rebouteur	bone setter
recherchiste (m, f)	chercheur	researcher
réhabilitateur (m)	conseiller	rehabilitator
relationniste (m)	préposé aux relations publiques	public relations officer
rembourreur (m)	tapissier (décorateur)	upholsterer
résident (m), résidente (f)	*médecin en cours de spécialisation*	resident (physician)
scrapeur*, vendeur de scrap* (m)	*casseur*	scrap yard owner, auto wrecker
senior*	principal, chevronné	senior
staille* (m)	chasseur, messager	messenger boy, bell boy
sucrier (m)	fabricant de sucre d'érable	maple sugar maker

Québec	France/Québec	
superviseur (m)	surveillant	supervisor
surintendant (m)	directeur, surveillant	superintendent
tabagiste (voir marchand de tabac)		
travailleur (euse) social(e)	assistant social	social worker
tuileur (m)	carreleur	tile layer
tuyauteur (m)	installateur de tuyaux	pipe fitter
vidangeur (m)	éboueur	garbageman
waiter* (m), waitress* (f)	garçon, serveuse	waiter, waitress

Divers (Miscellaneous)

être d'affaires*	être habile et efficace dans les affaires	to be businesslike
aluminerie (f)	*usine où l'on fabrique de l'aluminium*	aluminum factory
s'ambitionner*	travailler dur, bosser	to work hard
faire (une) application*, appliquer*	faire une demande d'emploi	to apply
avionnerie (f)	*usine où l'on construit des avions*	airplane factory
bardasseux* (m)	bricoleur	jack of all trades, odd-job man
boss* (m)	patron, chef	boss
faire un bi, une corvée	travailler en commun	to have a bee (barn raising, wood bee, etc.)
botchage* (m)	bousillage	poorly done work
botcher*	bousiller	to bungle (a piece of work)
botcheur* (m)	bousilleur	bungler
bouler*	terrasser	to bulldoze
faire une bourrée*	faire un travail dur	to work hard, go all out

Québec	**France/Québec**	
bûcher	abattre des arbres	to cut wood, to cut down trees
bureau des directeurs (m)	conseil d'administration	board of directors
business* (f)	métier; entreprise	business (job; enterprise)
être business*	être pratique et efficace	to be businesslike
chantier (m)	*exploitation forestière*	lumber camp
chantier maritime (m)	chantier naval	shipyard
chef-d'oeuvreux*	habile	handy, skilled
se faire clairer*	se faire congédier	to get fired
clos à bois (m)	terrain boisé	woodlot
comité exécutif	comité directeur	executive committee
rue commerciale (f)	*rue commerçante*	commercial street, business street
compagnie de finance (f)	société de crédit	finance company
avoir des connections*, des contacts*	avoir des relations	to have connections, contacts
co-op (f)	coopérative	co-operative, co-op
corder (du bois)	*empiler en stères*	to pile up, cord (wood)
corvée (voir bi)		
cour à bois (f)	dépôt de bois	lumberyard
dompeuse* (f)	benne	dump truck
drave (f)	*flottage du bois*	log drive
faire une embardée*	faire une mauvaise affaire	to make a mistake (in business)
éplancher	faire des planches	to cut boards
estimé* (m)	estimation, devis	estimate
extra* (m)	supplément de travail; supplément de marchandise	extra (time; goods)

Québec	France/Québec	
travailler d'extra*, faire de l'overtime*, du surtemps	faire des heures supplémentaires, *faire du rab*	to work overtime, extra
factrie*, factorerie* (f)	manufacture, fabrique	factory, factory outlet
faire un prêtre, un professeur, etc.	se faire prêtre, professeur, etc.	to become a priest, professor, etc.
franchise (f)	licence, concession	franchise
gages* (f, pl); gagne* (f)	salaire, gain	wages, pay; earnings
gagne* (f)	profit, gain	profit
horloge-poinçon (f)	*horloge pointeuse*	time clock
travailler à la job*, au morceau*	travailler à forfait, à la pièce	to work on contract, to do piece work
jobber*	entreprendre à forfait; bousiller	to work on contract; to bungle a piece of work
journée off*	jour de congé	day off
maraudage (m)	*recrutement des membres chez un syndicat ouvrier rival*	(union) raiding
moulin à papier* (m), pulperie (f)	usine de papeterie	(pulp and) paper mill
moulin à bois, à scie*	scierie	sawmill, lumber mill
office* (f)	bureau	office
de la belle ouvrage*	du travail bien fait	a job well done
overtime (voir extra)		
parc industriel (m)	zone industrielle	industrial park, zone
partir* un commerce	lancer, fonder un commerce	to start up a business
pépine* (f)	chargeuse-pelleteuse	backhoe
ligne de piquetage (f)	piquet de grève	picket line
piqueter	installer des piquets de grève	to picket
piqueteur (m)	piquet de grève	picketer
poinçonner, puncher*	*pointer*	to punch (in and out)

Québec	France/Québec	
portuna* (m)	trousseau	(doctor's) bag
projet (de construction) (m)	ouvrage, chantier	(construction) project
pulperie (voir moulin)		
raboudinage (m)	bousillage	botched-up job
raboudiner	bousiller	to botch up
raboudineur (m)	bousilleur	botcher
ronne*, run*, route (f)	tournée	run, route (milkrun, etc.)
scab* (m)	jaune, briseur de grève	scab, strikebreaker
shift* (chiffe*, chiffre*), quart (m)	poste, équipe	shift
shop* (f)	atelier; usine	(machine) shop; plant
slaque* (m)	ralentissement	slow time (in business)
slaquer	mettre à pied, saquer; *flemmarder*	to lay off, can; to slack off, be slack
steady*	régulier	steady
surtemps (voir extra)		
temps et demi (m)	*heures supplémentaires payées à 150%*	time and a half
ti-casse* (m)	ouvrier exploité	exploited labourer, worker
travaillant*	travailleur	hardworking; hard worker
tue-monde (m)	travail étouffant	hard work, a killer
vaillant*	bosseur	hardworking

Vêtements (Clothing)

Québec	France/Québec	
s'abrier*	s'emmitoufler; se couvrir (d'une couverture)	to bundle up; to cover oneself up (with a blanket)
amanché	affublé	dressed ridiculously, badly rigged out
atriquage (f)	accoutrement	get-up, strange clothes
(mal) atriqué	mal habillé, *mal ficelé*	poorly dressed, in a strange get-up
attacher* (un manteau)	boutonner, fermer	to button up (a coat, etc.)
attelage, cap* (m)	*suspensoir*	athletic support, jock (strap)
attifaux* (m, pl)	parures de femme	finery, get-up (for a woman)
babiche (f)	*lanière de cuir, de peau d'anguille*	rawhide thongs or lacings, babiche
barniques (f, pl), châssis doubles (m, pl)	lunettes, *besicles*	glasses, specs
bas (m)	*chaussette*	sock
bas-culottes (m, pl)	*collant*	panty hose
bividi* (m), combinaison, combine* (f), corps (de laine)* (m)	caleçon long	long johns, drawers
bobettes* (f, pl), culotte (f)	*slip* (de femme)	briefs, panties
botterleau* (m)	*sorte de grosse chaussure de cuir*	work boot, Waterloo boot
bottine* (f)	botte	(laced, buckled) boot
bottine de ski*	chaussure de ski	ski boot
boucle* (f)	noeud papillon	bow tie
bougrine* (f)	pardessus, veston, vareuse	overcoat, jacket
boules à mites (f, pl)	*boules de naphtaline*	mothballs
bourse, sacoche (f)	sac à main	purse

Québec	France/Québec	
brassière* (f)	soutien-gorge	brassiere
butin(m)	*fringues*	things, duds
cache-oreilles (m, pl)	*sorte de bandeau en forme de casque à écouteurs pour protéger les oreilles du froid*	ear muffs
calotte* (f)	casquette	cap
canots* (m, pl), chaloupes*, claques* (f, pl)	*sortes de snowboots,* caoutchoucs	types of (toe) rubbers
cap (voir attelage)		
capiche, capine, capuche (f)	*coiffure de femme avec gorgères*	bonnet, cowl
capine (f)	casquette d'hiver	winter cap
capot* (m)	paletot	overcoat
capot de chat*	*pelisse en peau de raton laveur*	raccoon coat
casque* (m)	bonnet; casquette; chapeau	cap; hat
casque de poil*	bonnet de fourrure	fur hat
habillé comme Cato	mal ficelé	poorly dressed, rigged out
ceinture fléchée (f)	*ceinture chinée*	traditional French-Canadian belt or sash, arrow sash
chaloupes (voir canots)		
chaussette* (f)	pantoufle, chausson	slipper
bien checké (tchèqué)*	*bien sapé*	well-dressed, all dressed up
(atriqué comme) le chien à Jacques, habillé comme la chienne à Jacques	*mal fagoté*	(dressed) loudly, in loud clothes
chienne*, froque (f)	sarrau	smock
claques (voir canots)		
coco* (m)	chapeau melon	bowler (hat)

Québec	France/Québec	
col* (m)	cravate	tie
collerette (f)	mante, pèlerine	woman's cape
collet* (m)	col	collar
combine (voir bividi)		
cordon* (m)	lacet	shoelace
corps de laine (voir bividi)		
costume de bain* (m)	maillot de bain	bathing suit
coupe-vent (m)	blouson	windbreaker
cuiller à soulier* (f)	chausse-pied	shoehorn
se décapoter*	enlever son manteau, etc.	to take off one's coat
se déchanger*	se changer	to change (clothes)
se dégreyer*	enlever son manteau, etc.	to take off one's coat, boots, etc.
se désabrier*	enlever sa couverture	to take one's blanket off
écourticher*	couper trop court	to cut too short
écourtichée*	*habillée d'une robe très courte*	wearing a short dress
échiffer*, efficher*	effilocher	to fray
effallée*	décolletée, débraillée	wearing a low-cut dress
s'emmailloter	s'emmitoufler	to dress warmly, bundle up
empois* (m)	amidon	starch
épinglette* (f)	broche; épingle de cravate	brooch; tie clip, tie pin
espadrille (f)	*tennis, basket*	running shoe
fermoir (m)	fermeture éclair	zipper
avoir la fale (falle, phalle) à l'air*	être débraillé	to have one's shirt (etc.) open
flip-flops* (m, pl), gougounes*, segounes* (f, pl)	*sorte de sandales*	thongs

Québec	France/Québec	
fouler*, refouler*	rétrécir	to shrink
froissant	froissable	easily creased, crumpled
galoche (f)	*godillot;* couvre-chaussure	used or out of shape shoe; overshoe
gilet (m)	*tout vêtement à manches;* manteau; chandail	any piece of clothing with sleeves; coat; sweater
gougounes (voir flip-flops)		
grandeur* (f)	pointure, taille	size
grappins* (m, pl)	crampons	spikes (for shoes), studs
se gréyer*	s'habiller, *se nipper*	to dress, get dressed, to put one's things on
bien gréyé	*bien nippé*	well-dressed, all dressed up
habit*, habillement* (m)	complet, costume	suit
habit de neige	*esquimau*	snowsuit
habit tout fait, sur mesure*	complet de confection	ready-made suit
jaquette* (f)	chemise de nuit	nightgown
jaunir	roussir	to scorch (with iron)
jean (m)	*blue-jean*	jeans
jonc* (m)	alliance, bague	wedding ring, engagement ring
être beau joual	*être bien sapé*	to be all dressed up, dressed to the teeth
linge (m)	vêtements, *fringues*	clothes, duds
mackinaw, maquina (m)	*veste de bûcheron*	lumberjack coat
médium*	moyen	medium (size)
se mettre sur son 36, sur son 98	*se mettre sur son 31*	to dress up, put on one's Sunday best
minou* (m)	écharpe, étole	stole, fur collar
mitaine (f)	*moufle*	mitt, mitten

Québec	**France/Québec**	
nu-bas*	en chaussettes	in one's stocking feet
palette (f)	visière	peak, vizor
pantalons (m, pl) (une paire de pantalons)*	pantalon (sing.)	(a pair of) pants
pantalon court*	short	shorts
pardessus (m)	couvre-chaussures, bottes	overshoes, boots
parka (m)	*anorak*	parka, winter coat
patch* (f)	*pièce*	patch
patcher*	rapiécer	to patch
pend'oreilles* (m)	boucle d'oreille, pendant d'oreille	earring
pendrioche* (f)	pendeloque	pendant
pichou* (m)	mocassin	Indian moccasin
être en pieds de bas	être en chaussettes	to be in one's stocking feet
point* (m)	pointure	size (of shoe)
presser	repasser	to press, iron
pressage (m)	repassage	pressing, ironing
être en queue de chemise	*être en pan de chemise*	to be in one's shirt-tails
raboudiner*	*mal rafistoler*	to do a bad job mending sth
raccroc (m)	déchirure, accroc	tear
refouler (voir fouler)		
running* (m), shoeclacque* (f)	*basket*	sneaker
segounes (voir flip-flops		
shorts (sous-vêtements) (m, pl)	*slip*	men's underwear (shorts)
slip* (m), slippe* (f)	*combinaison de femme*	slip
slipines*, stepines* (f, pl)	*cache-sexe*, culotte	panties

Québec	France/Québec	
soulier (m)	chaussure	shoe
soulier gommé* (m)	chaussure à semelle de caoutchouc	rubber-soled shoe
soulier de boeuf (boeu)*, soulier sauvage*, soulier de chevaux* (m)	mocassin	moccasin
sous-vêtements (voir bobettes)		
support (m)	cintre	(clothes) hanger
swell	chic, bien sapé	fashionable, snazzy
taponner*	friper	to crease, wrinkle
tournaline (f)	sorte de béret	type of beret
trousseau (de bébé) (m)	layette	set of baby garments, layette
tuque (f)	bonnet de laine	tuque
tuxedo, toxédo* (m)	smoking	tuxedo
usé au coton	usé jusqu'à la corde	worn to the thread
veste (f)	gilet	vest
veste de cuir	blouson de cuir	leather jacket
veston (m)	veste	dress jacket, sports jacket

Couleurs (Colours)

bleu marin*	bleu marine	navy blue
bleu poudre	bleu pâle	powder blue
brun	marron	brown (shoes, etc.)
drabe*	beige	beige
jaunasse*	jaunâtre	yellowish
marron	lie de vin	maroon
rose nananne*	rosâtre	pinkish

Québec	France/Québec	

Tissus (Fabrics)

carreauté	à carreaux	checked
corderoi* (m)	velours côtelé	corduroy
coton à fromage (m)	*étamine*	cheese cloth
coton jaune	*coton écru*	raw cotton
cuirette (f)	*similicuir*	imitation leather
denim (m)	*étoffe croisée de coton*	denim
étoffe du pays	*drap de laine épais, tissé à la maison*	homespun
flanellette (f)	*finette*	flannelette
guenille*, guénille* (f)	chiffon	rag
kid* (m)	chevreau	kid (leather)
laize* (f)	bande	strip (of material)
motton* (m)	noeud	knot (in a fabric)
picot* (m)	pois	polka dot
picoté*	à pois; tacheté	polka dot (adj); spotted
satine (f)	*satinette*	satinette

Ville et spectacles (City and Entertainment)

Québec	France/Québec	
balconville* (m)	quartier pauvre	poor area of town
bar salon, piano bar (m)	*boîte de nuit avec un piano*	piano bar
barbotte (f)	*casino illicite*	illegal gambling joint
bloc* (m)	*pâté de maisons, coin de rue*	block
boîte à chansons	*cabaret où l'on écoute un "chansonnier"*	coffee house
(petits) bonhommes*	dessin animé	cartoon
brasserie (f)	*débit de boissons*	beer hall
chansonnier (m)	*auteur-compositeur-interprète*	song writer and singer
charrue* (f)	chasse-neige	snowplough
ciné-parc (m)	*cinéma de plein air*	drive-in (theatre)
club de nuit (m)	boîte de nuit	nightclub
équipe de déneigeurs (f)	*préposés à l'enlèvement de la neige*	snow removal team
dompe* (f)	dépotoir	dump
gratte (-neige)* (f)	chasse-neige; pelle	snowplough; shovel
gratter*	déblayer	to plough
grill (m)	*sorte de boîte de nuit*	bar and grill, lounge
intermission* (f)	entracte	intermission
lumière* (f)	feu de circulation	(traffic) light
maison de paris (f)	maison de jeu	gambling house
maître de cérémonies, M.C. (m)	présentateur	master of ceremonies, emcee
piano bar (voir bar salon)		

Place (Ville Marie, de Ville, etc.) (f)	*galerie marchande, tour*	downtown centre, mall
rue commerciale (f)	*rue commerçante*	business street
salle de danse (f)	*dancing*	dance hall
sloche*, slotche*, sludge*, slush*, snoche*, snotche* (f)	*mélange de neige fondante et de sel*	slush
stationnement (m)	parking	parking lot
taverne (f)	*débit de boissons*	beverage room, hotel, tavern
théâtre* (m)	cinéma	movie theatre
traverse (f) (de piétons)	*passage clouté, passage piéton*	crosswalk
village (m)	*partie commerciale d'un village*	downtown (in small town), the stores
(petite) vue (f)	film	show, movie, flick
aller aux (petites) vues	aller au cinéma	to go to the show, to the movies, to see a flick

Voyages et moyens de transport (Travel and Means of Transportation)

Québec	France/Québec	
allège*	sans charge	unloaded (car, etc.)
autobus (m)	*autocar, car*	bus (for highway travel)
auto-neige, motoneige (f), skidoo* (m)	*scooter des neiges*	snowmobile
aviron (m)	*pagaie*	paddle
bacagnole (f)	*petit traîneau*	small sleigh
banneau (m)	*traîneau à bascule*	dump sleigh
barlot, berlot (m)	*traîneau attelé*	box sleigh
barouche* (f)	wagon, tacot	old wagon, jalopy
bicycle* (m)	vélo, *bécane*	bicycle, bike
bicycle à gaz*	moto, *vélomoteur*	motorcycle
aller en bicycle*	. . . à bicyclette	to ride a bicycle
gars de bicycle*	motard	biker
calèche (f)	sorte de cabriolet	calèche
caléchier (m)	conducteur de calèche	calèche driver
canot (m)	*canoë*	canoe
canotable	*où l'on peut naviguer en canot*	where you can go by canoe
faire du canotage	*faire du canoë*, du bateau	to go canoeing, to go boating
canoteur (m)	*canoéiste*	canoeist
carriole (f)	sorte de traîneau attelé à des chevaux	sleigh, cariole pulled by a horse
carrosse (m)	*landau*	baby buggy, baby carriage
chaloupe (f)	*barque, canot, bateau à rames*	rowboat

Québec	France/Québec	
petits chars* (pl)	tramway	street car
gros chars* (pl)	train	train
cométique (m)	traîneau à chiens	dog sled, komatik
débarquer (d'un char, d'un train)	descendre	to get out, off
doré (m)	*doris*	dory
embarquer (dans un char, dans un train)	monter	to get in, on
envolée* (f)	vol	flight
gaz* (m), gazoline* (f)	essence	gas, gasoline
goélette (f)	*caboteur*	logging boat
lift* (m), occasion (f) (donner une occasion à qn), pouce* (m) (offrir un pouce à qn)	emmener qn en auto	lift (to give s.o. a lift)
lisse* (f)	barre; lame; trace	runner (sleigh); blade (skates); sleigh mark
motoneige (voir auto-neige)		
motoneigiste (m, f)		snowmobiler
vol nolisé (m)	charter	charter flight
noliser un avion, un autobus	louer	to charter a plane, bus
occasion (voir lift)		
océanique* (m)	transatlantique	ocean liner
péteux*, pompeur (m)	*draisine*	jigger, handcar
pick-up (m)	*sorte de camionnette*	pick-up
pince (de canot) (f)	pointe (de canoë)	pointed end (of canoe)
portage, portageage* (m)	*portage d'un canoë d'un cours d'eau à un autre*	portage
portager	*faire un "portage"*	to portage

Québec	France/Québec	
portageur, portageux* (m)	*qui fait un "portage"*	portager
faire du pouce, poucer*, voyager sur le pouce	faire de l'auto-stop, voyager en auto-stop	to hitchhike, to thumb
donner un pouce*	emmener qn en auto	to give s.o. a lift
pouceux* (m), pouceuse* (f)	auto-stoppeur	hitchhiker
pousse-pousse (m)	poussette	stroller
rame (f)	aviron	oar
skidoo (voir auto-neige)		
(terrain de) stationnement (m)	parking	parking lot
traîne (à barreaux, à bâtons) (f)	*traîneau à patins bas*	low sleigh
traque* (f)	rails, voie ferrée	(railroad) track
traverse (de chemin de fer) (f)	passage à niveau	(level) crossing
traverse (f)	*endroit où on prend le bac*	crossing point (for ferry)
traversier (m)	bac, ferry-boat	ferry (boat)
truck*, troque* (m)	camion	truck
vanne* (f)	camion-remorque	(moving) van
verchère (f)	*sorte d'embarcation à fond plat*	flat boat
voyageage* (m), voyagement (m)	allées et venues	running about, travelling
voyagiste (m, f)	*personne qui commercialise des voyages à forfait*	tour operator
yacht* (m)	(bateau) hors-bord	motorboat

Automobile (The Car)

Words in this area tend to be very anglicised (muffler, bumper, brakes, etc.). The influence of television and the language agency of the Quebec government, l'Office de la langue française, is helping to "Frenchify" much of the vocabulary related to the car.

Le vocabulaire de l'automobile a tendance à être très anglicisé (muffler, bumper, brakes, etc.). Toutefois, grâce à la télévision et à l'Office de la langue française, la francisation est en progrès dans ce domaine.

Québec	France/Québec	
La route est achalandée.	La circulation est dense.	There's heavy traffic.
balloune* (f), ivressomètre (m)	*alcootest*	breathalyzer
batterie (f)	*accumulateur, accus*	battery
baucher avec qn	faire la course avec qn	to race, drag
bazou, cancer (m), minoune (f), paquet de ferraille (m)	tacot, vieille voiture	(old) heap, jalopy, wreck
beau bazou	belle bagnole	beautiful car
billet, ticket* (m)	contravention, *contredanse, p.-v.*	ticket
booster*	*recharger les accus*	to boost
cancer (voir bazou)		
changer l'huile	*faire la vidange*	to change the oil
char* (m), machine* (f)	*bagnole*	car, wheels
chauffer*	conduire	to drive
chaufferette (f)	*chauffage*; radiateur électrique portatif	heater; portable electric heater
chirer*	déraper, patiner	to skid
choke*, étrangleur* (m)	*starter*	choke
citron (m)	tacot, voiture en mauvais état	lemon
clotche* (f)	embrayage	clutch
co-voiturage (m)	*transport dans une voiture de plusieurs personnes*	car pool

Québec	France/Québec	
cramper* (à droite)	braquer les roues (â droite)	to turn the wheels (to hang a right)
J'ai eu une crevaison.	*J'ai crevé.*	I've got a flat tire.
criard* (m)	klaxon	horn
débarquer	descendre	to get out
débourber	tirer de la neige	to pull out of the snow
démonstrateur (m)	voiture d'essai	demonstrator
école de conduite (f)	auto-école	driving school
embarquer	monter	to get in
s'embourber	se prendre dans la neige	to get stuck in the snow
étrangleur (voir choke)		
forces* (f, pl)	chevaux-vapeur	horsepower
gage*, guédge* (f)	*jauge*	gauge
gaz* (m), gazoline* (f)	essence	gas, gasoline
donner du gaz*, peser sur le gaz*	accélérer	to step on the gas
générateur* (m)	dynamo	generator
hitch* (f)	attache	hitch
hiveriser	préparer pour l'hiver	to winterize
ivressomètre (voir balloune)		
jaune*, ordinaire (m)	essence avec plomb	regular (leaded gas)
lave-auto (m)	*lavage d'autos*	car wash
machine (voir char)		
mener* (un char)	conduire (une bagnole)	to drive (a car)
millage (m)	*quantité de milles parcourus*	mileage
minoune (voir bazou)		

Québec	France/Québec	
muffleur*, silencieux (m)	*pot d'échappement*	muffler
au neutre*	au point mort	in neutral, out of gear
partir (un char)*	démarrer, faire partir	to start (a car)
pneu à neige	pneu d'hiver, *pneu neige*	snow tire
point de démérite (m)	*système d'avertissement des mauvais conducteurs*	demerit point
prime*	qui démarre rapidement	fast starting
en raque, raqué	en ruine; en panne	wrecked; broken down
reculons* (m)	marche arrière	reverse
aller de reculons*	faire marche arrière	to back up
remorqueuse (f)	dépanneuse	tow truck
rouge* (m)	super	super, high-test (gas)
sabot de Denver (m)	*dispositif pour bloquer une roue*	Denver boot
scraper*, scrapper* (un char)	envoyer à la ferraille	to wreck, to scrap (a car)
spare*, spére* (m)	roue de secours	spare (tire)
stâler*	caler	to stall
starteur (m)	démarreur	starter
stationner (un char)	garer	to park (a car)
touer*	remorquer	to tow
touage* (m)	remorquage	towing
tourner dans le beurre	*être pris dans la neige, les roues enfoncées;* patiner	to spin, churn, (wheels in mud, slush)
towing* (m)	dépanneuse	tow truck
transmission* (f)	boîte de vitesses	transmission
usagé*	d'occasion	used (car)
valise* (f)	coffre	trunk

Québec	France/Québec	
virer*	tourner	to turn
virer de bord*, revirer de bord*	revenir sur ses pas, faire demi-tour	to turn around, make a U-turn

Divers (Miscellaneous)

A

Québec	France/Québec	
O.K. d'abord.	Ça va comme ça.	That's fine. O.K. then. All right.
J'y vais d'abord.	Alors, j'y vais.	I'll go then. All right, I'm going.
aux abords de*	vers, aux environs de	around (five o'clock, etc.)
d'abord que*	pourvu que; puisque	as long as; as, seeing that, since
Il faut aboutir.	Il faut en finir.	I have to get it over with.
abreuvoir* (m)	fontaine à boire	drinking fountain
abrier*, abriller*	abriter; couvrir; défendre qn	to hide, shelter; to cover; to defend s.o.
s'accanter, se canter	s'appuyer	to lean against sth
accordant*	accommodant	easy to get along with
accoter*	égaler; aider	to equal, be as good as; to help, support, back up
s'accoter*	s'accouder	to lean on one's elbows
accoutumance* (f)	habitude	(good, bad) habit
accrapoutir*	écrabouiller	to squash
accrocher qch	heurter qch	to hit, run into sth
accrocher ses patins	abandonner qch	to quit sth, hang up one's skates
accroires* (m, pl)	qu'en-dira-t-on	gossip
faire des accroires à qn	monter un bateau à qn	to kid s.o., string s.o. along
C'est des accroires que tu te fais.	Tu te fais des idées.	You're just fooling yourself.
achaler	agacer, énerver, ennuyer, gêner	to bother, bug, nag, embarrass

Québec	France/Québec	
achalage* (m), achalanterie* (f)	agacement, énervement, ennui	bother, nuisance
achalant*	agaçant, énervant, ennuyant, *casse-pieds*	annoying, a real pain
Il n'est pas achalé*.	Il a du culot. Il a du cran.	He's got a lot of nerve. He's got guts.
adon* (m)	heureux hasard, *coup de pot*	lucky break
avoir un adon pour qch*	avoir un talent pour qch	to have a gift for sth
avoir de l'adon*	avoir une belle apparence	to look real nice
Il n'est pas d'adon*.	Il n'est pas aimable, sociable.	He's not very friendly, outgoing.
Si ça s'adonne . . .*	Si cela se passe bien . . .	If it works out . . .
Ça s'est adonné que . . .*	Il est arrivé que . . .	It turned out that . . .
Je m'adonne bien avec elle.*	Je m'entends bien avec elle.	I get along well with her. I hit it off well with her.
Si ça vous adonne . . .*	Si ça vous convient . . .	If it suits you . . .
affaire (m, f)	truc, *machin*, chose	thing, whatchamacallit
(il y avait du monde, etc.), un affaire effrayant	Il y avait *vachement* de gens	(there was) a hell of a lot of people)
un petit affaire	un brin	a wee bit, just a bit
pas d'affaire	pas du tout, pas question	no way, no go
Il n'est pas d'affaires*.	Il n'est pas commode.	He's not easy to get along with.
avoir l'affaire*	être habile, *avoir le chic*	to have the knack
avoir affaire à (faire qch)	avoir besoin de (faire qch)	to have to (do sth)
c't'affaire	bien entendu, mais	of course, right, no kidding
avoir de l'agrément	avoir du plaisir	to have fun
agrès* (m)	équipement (de pêche, etc.); matériel (de ferme); accoutrement, *équipement bizarre*; personne désagréable	gear (fishing, etc); (farm) implements; get-up, rig; pain, creep (person)

Québec	France/Québec	
aguir*	haïr	to hate
aider à qn	aider qn	to help s.o.
en air de faire qch	disposé à faire qch	ready, game to do something
être en l'air	être de mauvaise humeur, à *cran*	to be in a bad mood
une fille trop en l'air	une fille volage	a flighty girl
avoir de l'air fatigué*	avoir l'air fatigué	to look tired
Fais de l'air!	Va-t-en! Tire-toi!	Beat it! Scram!
air d'aller (voir erre)		
prendre ça aisé*	en prendre à son aise	to take it easy
revenir alège (allège)*	revenir bredouille	to come back empty-handed
aller (voir m'as)		
se faire aller.	se montrer, crâner; se grouiller	to show off, act big; to shake a leg, get a move on
Allô!	Bonjour! Salut!	Hello! Hi!
Ça n'a pas d'allure*.	Ça n'a pas de sens.	That doesn't make sense.
C'est plein d'allure*.	Ça a beaucoup de sens.	That makes a lot of sense.
prendre l'allure de faire qch*	prendre l'habitude de faire qch	to get used to doing sth
pas d'allure, sans allure	maladroit; importun, casse-pieds	clumsy; bother, nuisance, pest, pain in the neck
amancher*, ramancher*	arranger, réparer; installer, arranger; mystifier, entortiller	to fix, repair; to set up, put together; to mystify
amancher une claque*	donner une claque	to let go with a slap
être bien amanché, mal amanché	être dans de beaux draps	to be in a bad way, hard up, in a fix
se faire amancher*	se faire avoir, se faire rouler	to be had, taken in.

Québec	France/Québec	
amanchage (m), amanchure, emmanchure (f)	mauvaise situation, imbroglio, bordel; chose mal faite, camelote; accoutrement	mess, trouble; mess, junk; get-up
amarrer*	attacher	to tie together, tie up
ambitionner*	abuser de qn, charrier	to encroach upon s.o., to go too far, to go overboard
ambitionner sur le pain bénit*	abuser d'une situation	to go too far, take advantage of a situation
Pour l'amour!	Bonté!	Goodness! For Pete's sake!
ancien	vieux jeu	old-fashioned
anyway*	de toute façon; jamais de la vie	anyway; no way
à part de ça*	à part ça, d'ailleurs	besides (that)
à-plat-ventrisme (m)	*fait de s'humilier*	humiliating oneself
(frapper, etc.) d'aplomb*	(frapper, etc.) dur	(to hit, etc.) hard
(s')aplomber*	(se) remettre d'aplomb	to straighten out
appareiller*	préparer	to prepare, get ready
Appareille!	Allons-y! Allons, grouillez-vous!	Let's get going! Shake a leg!
apparence que*	il paraît que	it seems that, looks like
appeler (voir noms)		
pas apprenable*	pas facile à apprendre	hard to learn
astination (voir ostination)		
attacher après* qch	attacher à qch	to attach to sth
Je suis après* travailler, manger . . .	en train de	I'm (in the act of) working, eating . . .
en arc-boutant*	à contre-coeur	unwillingly
J'en arrache asteur*.	J'ai des difficultés en ce moment.	I'm having a hard time right now.
s'arracher*	se défendre, se tirer d'embarras	to get along, make out

Québec	France/Québec	
J'suis pas arrêtable*.	On ne peut pas m'arrêter.	There's no stopping me.
arrimer*	ranger, serrer	to store, put away
s'assister (assistez-vous!)*	s'asseoir	to sit down (sit yourself down!)
s'assir* (je m'assis, assis-toi, assisez-vous, je m'assisais)	s'asseoir	to sit down
astiner (voir ostiner)		
attendre après qn*	attendre qn	to wait for s.o.
attisée (f)	bon feu; brassée (de bois)	good fire (in a fireplace); armful (of wood)
faire une attisée	faire une flambée	to make a nice fire
en autant que tu diras*	pourvu que tu dises	as long as you say
Il a essayé autant comme autant*.	Il a eu beau essayer.	He tried ever so hard (but it didn't work).
nous autres, vous autres, eux autres*	nous, vous (pl), eux, elles	we, us, you, they, them
nous autres mêmes, vous autres mêmes, eux autres mêmes*	nous-mêmes, vous-mêmes, eux-mêmes, elles-mêmes	ourselves, yourselves, themselves
avachir (voir évacher)		
d'avance* (un employé d'avance; un chemin d'avance; des pommes d'avance)	expéditif; rapide et facile; hâtif	expeditious, fast (employee); fast (road); early (apples)
avenant*	prévenant	considerate
manger de l'avoine*	être supplanté, se faire couper l'herbe sous les pieds	to be outdone
avoir su, etc.*	si j'avais su, etc.	if I'd known, etc.
Ayoille!	Aïe!	Ouch! Ow!

Québec	France/Québec	
	B	
babiche (f)	*lanière faite de peau de cervidés ou d'anguille*	thong made of deer, moose, caribou or eel skin
babin* (m)	pédant, snob	snob, stuck-up person
faire la baboune	bouder, faire la gueule, faire la tête, la moue, *la tronche*	to sulk, pout, pull a long face
backer*, baquer qn*	seconder qn	to back s.o.
badloque*, bad luck* (f)	malchance, *guigne*	bad luck
badloqué*	malchanceux, *pas veinard*	unlucky
bâdrage* (m)	ennui, dérangement	bother
bâdrer*	ennuyer, déranger	to bother, bug
ne pas se bâdrer de qch*	ne pas s'embêter de qch	to not be bothered with sth
bâdreux*, bâdrant*	importun	bothersome, a nuisance, a bug
C'est mon bag.*	C'est mon affaire. C'est ma partie.	That's my bag.
bagouler*	déconner	to talk nonsense
mener le bal	avoir le dessus	to have the upper hand
fou comme un balai	timbré	nuts, crazy
ballant (m)	oscillation	sway
baquais, baquet, baquesse	niais	dumb, silly
barauder*, barlander*, berlander*	osciller; flâner; se balader	to sway; to loiter; to go for a walk, traipse around
baraudage* (m)	allées et venues; flânerie	comings and goings; loitering
barbeux (m)	*troublion*, fauteur de troubles	troublemaker, shit disturber
faire du barda	faire du tapage	to make a racket
bardassage, bardassement (m)	tapage	racket

Québec	France/Québec	
.bardasser	bousculer; faire du tapage; lambiner	to kick, push around; to make a racket; to horse around
bardasseux* (m)	tapageur	noisy person
Il lui manque un bardeau.	*Il a une araignée dans le plafond.*	He's got a screw loose.
avoir la barlue*	avoir la berlue	to make things up; to see things wrong
se faire barouetter*	*être référé inutilement d'un bureau à un autre, etc.; se faire secouer*	to get the runaround; to get shaken up (riding on a bumpy road, etc.)
barré (à quarante)*	étroit d'esprit; timide	narrow-minded; shy
être barré d'un endroit*	se faire interdire d'un endroit	to be barred from a place
barrer	fermer à clef; enfermer	to lock; to shut in, enclose, lock up
barrière (f)	porte (de clôture)	(fence-) gate
bastringue (f)	bibelots, gadgets	knick-knacks
se faire passer au bat (batte)	recevoir une raclée, *prendre une trempe*	to get a spanking, licking
manquer le bateau	*manquer le coche*	to miss the boat
tenir le gros bout du bâton	tenir le haut du pavé	to have the upper hand
C'est final bâton.*	C'est la fin.	That's final.
battable	qui peut être battu	beatable
battre la marche	donner l'exemple, être en tête	to lead the way, to be on top
bavassage* (m)	bavardage	gossip
bavasser*	bavarder, cancaner	to gossip, to tattle
bavasseux*, euse*	bavard	gossipy; gossiper
baveux, euse	insupportable; prétentieux; lâche; rapporteur	snob; snot; chicken, coward; sneak
baver qn	casser les pieds à qn	to bug s.o.

Québec	**France/Québec**	
bébelle* (f)	truc; jouet; babiole, gadget	thing; toy; knick-knack
bebête	niais, bête	silly, dumb
bébite*, bibitte* (f)	affaires; complexe	thing, business; hang-up
être en bébite	être mécontent, dans tous ses états	to be in a stew
bec-fin (m)	fignoleur	fussy person, fusspot
faire le bec fin*	faire la fine bouche; faire le délicat	to be finicky
bec-pincé, pincé (m)	prétentieux, crâneur	show-off, snot
faire le gros bec	faire la moue	to pout, pull a long face
bédigne bédagne	bing, bang	bang bang
beignet (m)	niais	nincompoop
avoir en belle de*	être à même de	to be able to
faire une belle*, faire la belle*	se tenir debout, faire le beau	to stand up (animal, baby)
beluet	niais, bêta	idiot, nincompoop
benque trop*	ben trop	far too (much)
ben quin*	ben sûr	sure thing
berdi-berda (m)	désordre, bordel; tapage	mess; racket
rester bête*	rester interloqué	to be taken aback
bêtise* (f)	injure; grivoiserie	insult; saucy expression
chanter des bêtises à qn*, dire des bêtises à qn*	... injures, sottises; disputer qn	to insult s.o.; bawl s.o. out
manger des bêtises	*recevoir un bon savon*	to get a talking-to
beurrage* (m)	pot-de-vin; flatterie	bribe; flattery
passer dans le beurre*	passer à côté	to be off the track
tourner dans le beurre*	tourner à vide	to churn (wheels, etc.)

Québec	France/Québec	
avoir les yeux dans le beurre, regarder dans le beurre, être dans le beurre	être dans la lune	to be in the clouds, far away
(il faudra attendre, etc.) une beurrée*	*vachement longtemps*	. . . a lot, a long time
beurrer*	salir, tacher; enduire	to dirty, to stain; to smear, plaster on
beurrer qn	graisser la patte à qn	to bribe, grease s.o.'s palm, butter s.o. up
bibitte (voir bébite)		
Bienvenue!	De rien!	You're welcome! Don't mention it!
bigne bagne, badagne	pan, pan	bing, bang, bang
C'est une binne.*	C'est rien du tout. Il n'y a pas de mal.	That's nothing.
binnes (voir passage)		
se mettre au blanc	se mettre à découvert, se mouiller	to stick one's neck out
avoir les bleus	avoir le cafard	to have the blues
blod*, blood*	généreux	kind, generous
air de boeu, de beu' (boeuf) (m)	air niais, air de vache	real dumb look, nasty look
ne pas être sorti du bois	*ne pas être sorti de l'auberge*	not to be out of the woods
fermer la boîte à qn	clouer le bec à qn	to shut s.o. up
bol, bolle* (f)	génie, merveille	a real wonder, genius
bomme*, bum* (m)	vaurien, voyou	bum
bommer	flâner, *vadrouiller*	to walk around, bum around
bommer qch*	emprunter, *écornifler*	to bum sth
être, s'en aller sur la bomme*	être sans-le-sou; courir à sa ruine	to be on the bum; to go downhill

Québec	France/Québec	
Il l'adore comme un bon. Il dort comme un bon.	. . . énormément, profondément	He's mad about her. He's sleeping like a baby.
bonhomme* (m)	diable; mari	devil; hubby
bonhomme sept-heures	marchand de sable	the sandman
être bon pour faire qch*	pouvoir faire qch	to be able to do sth
Ça n'a pas de bon sens (N.B. prononcez "sang")*.	Ce n'est pas possible.	That's crazy.
bonjour	au revoir	good day; goodbye
ce bonjour-là	ce sacré type	that son of a gun
ma petite bonjour	ma petite fatigante	you little brat
être dans ses bonnes* (T'es dans tes bonnes, toi.)	être en bonne forme; être de bonne humeur	to be in good form, feeling pretty good; to be in good humour (You're feeling pretty good.)
gros boque, buck (m)	gros bonnet, grosse légume	big shot
boqué*, bouqué*	têtu	stubborn
se boquer*, se bouquer*	s'obstiner, se braquer	to be stubborn
être sur le bord* de faire qch	être sur le point de faire qch	to be just about to do sth
Il va du bord de Toronto.	Il va du côté de Toronto.	He's going towards Toronto, Toronto way.
de bord en bord*	de part en part	right through (clothing); back and forth
prendre le bord*	s'esquiver	to sneak away, escape
autre bord (m)	outre-Atlantique	the other side of the pond (Europe)
borne-fontaine (f)	bouche d'incendie	fire hydrant
faire son boss	se montrer, jouer les patrons	to show off, act like a big shot
bosser*	régenter	to be bossy
botche* (f)	mégot	butt (of cigarette)

Québec	France/Québec	
en avoir plein ses bottes	en avoir plein les mains	to have one's hands full
mentir plein ses bottes	mentir comme un arracheur de dents	to lie like a trooper
tomber en botte*	tomber en ruine	to fall to pieces
esprit de bottine (m)	niais	dummy, crude
mêle-toi de tes bottines*	mêle-toi de tes affaires	mind your own business
avoir les deux pieds dans la même bottine	être empêtré	to have two left feet, to be all tangled up
boucane* (f)	fumée	smoke
boucaner*	fumer	to smoke
avoir la parole en bouche	avoir la faconde	to have a way with words
faire du boudin*	bouder	to sulk
bougon* (m)	petit bout d'homme; petit bout de bois	short little man; small piece of wood
bougonneux, euse*	bougon	grumbler
bougraise* (bouffraise*)	bougresse	bitch
bougrant	fâcheux	a pain in the neck
bougrer le camp*	foutre le camp, se barrer	to take off, to leave
être dans l'eau bouillante, dans l'eau chaude	être dans de beaux draps	to be in hot water
boulé* (m)	brute	bully
bourrasser*	rudoyer; être rude	to push around; to be pushy
bourrasseux*	rude; colérique	rough; bad-tempered
bourre* (f)	mensonge, histoire	fib, lie
bourrer qn*	duper	to fool s.o.
C'est le bout (boutte)!	C'est le comble!	That's the last straw!
se lever le gros bout le premier	se lever du pied gauche	to get up on the wrong side of the bed
C'est au boutte!	C'est le pied!	It's far out!

Québec	France/Québec	
bozo*	simple d'esprit	simple-minded
braillage* (m), braillements* (m, pl)	plaintes	complaining, bitching
braillard	qui se plaint	complaining, bitching
brailler	se plaindre	to complain, to bitch
brailleux, euse	qui se plaint	bitch, complainer
apprendre à travers les branches	apprendre par ouï-dire	to hear through the grapevine
brancher	battre avec une branche; *mettre une trempe à qn*	to beat s.o. with a branch; to beat up, clobber s.o.
être branché sur le 220	être un paquet de nerfs	to be a bundle of nerves
se brancher*	se décider	to make up one's mind
branler (dans le manche)*	hésiter, vaciller, *se tâter*	to hesitate
branleux*	indécis; *sur lequel on ne peut pas compter*, poltron	hesitant; unreliable; coward, chicken
Prends ta braoule!	Va chier!	Get lost! Screw off!
braquer qn là*	planter qn là	to leave s.o. standing there
C'est sur mon bras.	C'est ma tournée.	It's on me.
brasse-camarade (m)	bagarre	brawl
brasse-canayen* (m)	remue-ménage	disturbance, rumble
à brasse-corps*	à bras-le-corps	around the waist, in a body hold
brassement* (m)	secousse, balottement	jolt
brasser*	serrer dans ses bras; secouer	to hug, squeeze; to shake up
brasser	barder	to get rough (things)
se faire brasser le canayen*	se faire malmener	to get pushed around
bretter	musarder, lanterner	to loaf, goof around

Québec	France/Québec	
Que vient-il bretter ici?	Que vient-il foutre ici?	What did he come here for? What's he nosing around here for?
bretteux	musard	loafer
Je t'attends avec une brique pis un fanal*.	Je suis prêt à t'affronter. Je t'attends de pied ferme.	I'm ready for you.
amanchure de broche à foin, moyen de broche à foin	moyen inefficace, primitif	crazy, haywire way, stopgap measure
faire de la broue, péter de la broue	péter plus haut que son cul, faire du vent	to show off, talk big, blow
brûlé*	crevé; ruiné	beat, dead tired; ruined, finished (a person)
se brûler	s'éreinter, s'user	to burn oneself out
bûcher*	abattre des arbres	to cut down trees
bum (voir bomme)		
butin* (m)	effets; choses	possessions; things
bye-bye*	salut; *salut de la main*	(good-)bye; wave of the hand

C

toute la cabane*	. . . maison . . . camp	the whole house (family)
cabanés* (yeux)	enfoncés	deep-set, sunken (eyes)
cabochon* (m)	maladroit; étroit d'esprit, stupide; têtu	clumsy; narrow-minded, stupid; stubborn (person)
cacasser	caqueter	to gabble
cacassement (m), cacasserie (f)	caquetage	gabble
faire des cachettes*	faire des cachotteries	to hold sth back
T'es pas un cadeau.	T'es pas vivable.	You're hard to get along with. You're no prize.
cadran (voir organiser)		

Québec	France/Québec	
cadre* (m)	tableau ou dessin encadrés	framed painting or sketch
cailler*	sommeiller	to be half asleep, to doze
avoir les yeux cailles*	avoir les yeux rouges	to have blurry eyes
caille (vache, etc.)*	pie	black and white (cow, etc.)
calant	*où on s'enfonce*	deep (snow, etc.)
câler*	appeler	to call (animal, etc.)
caler	avaler; être pris; enfoncer qch; descendre qn; baisser (lac)	to down (drink), to gulp down; to be stuck; to pull down (hat, etc.); to put s.o. down; to get lower (lake)
se caler*	se mettre en difficulté; s'enfoncer, s'enliser; se contredire	to get into a fix; to let oneself into (a chair), to settle into; to contradict oneself
calin-fillette (m)	*petit garçon qui a des goûts de petite fille*	little boy who acts like a little girl, sissy
câlisser	foutre	to throw, chuck
caméra (f)	appareil-photo	camera
canter*, encanter*	pencher, incliner; tomber à la renverse	to tilt, slant; to fall over backwards
canter (voir accanter)		
se canter*, se recanter*	se coucher, se reposer, dormir dans un fauteuil	to go to bed, to have a rest, to doze off in a chair
capable	robuste	robust, strong (person)
On est capable.	On peut le faire.	Yes, we can.
Je suis pas capable de . . .	J'arrive pas à . . .	I'm not able to . . .
Capiche?	Tu piges?	Get it? Understand?
en avoir plein son capot, son casque, son casse*	en avoir sa claque, *ras le bol*	to be fed up, have it up to here
capoté	cinglé	crazy, nuts
capoter	perdre la tête	to go off one's rocker

Québec	France/Québec	
avoir le caquet bas*	avoir l'air humilié	to feel down, have a long face (after having been put down)
C'est le caramel sur la crème glacée.	. . . coup de fion; . . . le bouquet	It's the icing on the cake. It's the last straw.
carnage* (m)	bruit, tapage	noise, racket
passer au cash*	se faire passer à tabac, *avoir ce que l'on mérite*	to get it, get what one deserves
casque, casse (voir capot)		
casser*	cueillir	to pick (fruit)
casser le fonne*, le fun* à qn	mettre fin au plaisir de qn	to spoil s.o.'s fun
casser son français	écorcher le français	to murder French, speak broken French
casser sa pipe	échouer, se casser le nez	to meet with failure, to blow it
catiche	efféminé	girlish, sissy
à cause que	parce que	'cause, on account of
À cause?*	Pourquoi?	How come? What for?
cave (m)	abruti	fool, stupid person, dumbbell
caverie (f)	sottise	dumb thing to do
les celles que*	celles que	those, the ones that
pas pour cinq cennes*	pas pour rien	not for nothin'
péter la cerise à qn	casser la gueule à qn	to knock someone's face in
C'est la cerise sur le sundae	. . . coup de fion; . . . . le bouquet	It's the icing on the cake. It's the last straw.
certain (Il vient certain.)	sûrement	sure, of course (He's coming for sure.)
les ceuses qui*	ceux qui, celles qui	those, the ones that
chamaille (f)	chamaillerie	bickering, squabbling

Québec	**France/Québec**	
chambranler*	chanceler	to be shaky, stagger
chambranlant*	chancelant	shaky, unsteady
prendre une chance	courir un risque	to take a chance
être chanceux	avoir de la chance	to be lucky
Une chance que, par chance que t'es venu*.	C'est bien que tu sois venu.	It's a good thing you came. Lucky you came.
Ça te prend tout ton petit change pour* . . .	Il faut que tu te mettes en quatre pour . . .	It'll take all you've got to . . .
change pour change*	troc pour troc	square deal
parler à travers son chapeau	parler pour rien dire, raconter des conneries, raisonner comme un tambour	to talk through one's hat
C'est pas les gros chars*.	Ça ne vaut pas grand-chose. C'est de la camelote.	That's not up to much.
avoir vu passer les gros chars*	ne pas être né d'hier	to have been around
Il n'est pas un gros char*.	Il n'est pas bien intelligent.	He's not too bright.
avoir chaud	avoir la trouille	to be scared stiff
chausson* (m)	ignare et vulgaire, âne	gross and dumb person
chavirer*	déraisonner	to go crazy, lose one's mind, talk nonsense
checker*, tchéquer*	vérifier	to check
chenailler	*foutre le camp*	to scram
chenille à poils (f)	personne laide, moche	ugly person, wipe-out
cheniquer* sur qch	éviter qch, se dérober à qch	to shun, stay away from sth
chenolle (f)	camelote	junk
chenu	pauvre, vétuste	poor, shabby
chéti (m), chétite (f)	vaurien	good-for-nothing, bum
chiâlage (m)	plaintes	bitching, complaining

Québec	France/Québec	
chiâle* (f)	engueulade, dispute	run-in
chiâler	se plaindre, rouspéter, râler	to bitch, complain
chiâler qn	engueuler qn	to bawl s.o. out
chiâleux, euse	qui se plaint	bitch, complainer
chiard (m)	bagarre, tumulte, désordre	scrap, mix-up
Quel (beau) chiard!	Quelle salade!	What a mess!
chicane (f)	dispute, brouille	argument, fight, bickering
chicoter*	agacer; tracasser	to irritate, get on one's nerves; to worry, bother
Mon chien est mort.	Je suis au bout du rouleau. Personne ne veut me voir.	I'm at the end of my rope. Nobody wants to have anything to do with me.
avoir du chien (dans le corps)	avoir du coeur au ventre	to have guts
Il est trop chien.	Il se dégonfle.	He's too chicken.
chien de poche* (m)	enfant collant	kid who always tags along
chienne (m, f)	paresseux, flemmard	lazybones
avoir la chienne	avoir peur, avoir la frousse; avoir la flemme	to be afraid, to be petrified; to feel lazy, like a bum (to not want to work)
chienner	flemmarder	to loaf around
chienneux, chienneuse	froussard	scared, chicken
chier sur le bacul	paresser, tirer sa flemme	to laze around, goof off
chieux	poltron, péteux	coward, chicken-liver
chigner*, rechigner*	pleurnicher	to whimper, whine
chique* (f)	sarcasme, moquerie	low blow, insult
chiquer la guénille	bouder, faire la tête; ronchonner	to pout; to gripe
chirer*, prendre une chire*	faire une embardée	to skid, swerve

Québec	France/Québec	
L'affaire est chocolat.	C'est dans le sac.	It's in the bag, a piece of cake.
C'est chocolat.	C'est parfait.	It's perfect; just right.
Ça viendra chocolat*.	Tout va s'arranger.	It'll be O.K.
se choquer*	se mettre en colère; se battre	to get angry; to fight
faire choquer qn*	fâcher qn	to make s.o. angry
Chou!	Hou!	Boo!
crier chou	huer	to boo
chouenne* (f)	*bobard*, mensonge	lie, fib
chouenneux*	raconteur intarissable	good storyteller
chouenner*	blaguer; parler pour rien dire	to joke; to talk nonsense
chrômé	kitsch; criard	corny; loud
avoir les oreilles chrômées*	être niais	to be dumb
chum*, tchomme* (m), chomme*, tchomme* (f)	copain, copine	buddy, friend, chum
chus*	j'suis	I'm
cibiche (f)	sèche	cigarette, smoke, weed
cigailler, cisailler (voir zigailler)		
ciler (voir siler)		
citron (pont, projet (m)	tas de ferraille; *bide*	bunch of junk; real flop
clairer la place d'une (seule) claque*	débarrasser la place d'un (seul) coup	to clear out all of a sudden
Donnes-y la claque*!	Vas-y!	Go for it!
se clairer de qch*	se débarrasser de qch	to get rid, get out of sth
cliquer*	marcher, réussir	to click, succeed, go off well

Québec	France/Québec	
se tenir sur la clôture, être (à cheval) sur la clôture	nager entre deux eaux	to sit on the fence, be indecisive
clou (m)	sèche	cigarette, smoke, weed
clous (voir cogner)		
cobi*	bosselé	banged up, dented
payer une coche*	payer cher	to pay dearly
coche mal taillée (f)	gaffe	blunder
cochon (jouer cochon)	jouer rudement	to play dirty (hockey, etc.)
cochonner*	salir	to dirty
cochonner qn, jouer un coup de cochon à qn	jouer un sale tour à qn	to play a dirty trick on s.o.
cochonnerie*, saloperie* (f)	saleté, désordre; grain de poussière	mess; speck of dust (in the eye)
codinde, coq-d'Inde (m, f)	dinde	stupid, a turkey
avoir le coeur sur la main	être serviable	to have a kind heart
cogner des clous*, planter des clous*	*dormir assis en dodelinant de la tête*	to nod (off), to sleep
collant (m)	étiquette collante	sticker
colle (f)	bon à rien; morceau de rebut	bad, useless worker, pupil, etc.; rubbish, cull
en avoir plein son collet	être à bout; *être bourré, paf*	to be dead tired; to be drunk, sloshed
se colletailler	se colletiner	to fight, brawl, wrestle
colon, colonne	rustre, lourdaud	thick-headed, a hick
comme de fait	de fait	as a matter of fact
comme de raison	naturellement	of course
comment* (Comment ça coûte?)	combien	how much
comprenable*	compréhensible	understandable

Québec	**France/Québec**	
comprenure* (f)	compréhension; intelligence	understanding; intelligence
dur de comprenure	*dur de la comprenette*	slow, dull-witted
concombre	*con, cornichon, minus*	turkey, fool, idiot
tomber dans les confitures*	tomber dans les pommes	to faint, pass out
Il connaît pas mieux.	Il n'est pas plus fin que ça.	He doesn't know any better.
C'est pas contable*.	On peut pas le dire. C'est pas racontable.	You can't tell it (story). It's a secret.
se faire conter ça	se faire réprimander	to get told off
passer la nuit sur la corde à linge*	passer une nuit blanche	to be up all night, have a hard night
être correct	aller bien, marcher bien	to be all right
C'est correct. Correct.	Ça va. Entendu.	It's all right. All right.
cossins (m, pl)	*objets laissés à la traîne*; camelote	things lying around; junk
Ce char, c'est un cossin.	*Cette bagnole, c'est de la camelote.*	This car is a pile of junk.
cossineux	*qui ramasse des babioles*	someone who collects knick-knacks, junk
au coton*	beaucoup, bien, fort, très; au bout (volume)	full out, the works; full blast (volume)
rendu au coton	à bout de forces	worn out, dead tired
cotir*	pourrir	to rot
Coudon*! Coute donc*!	Dis donc! Mais enfin!	Say! Look here! Come on now!
couenne (f)	peau; surface gazonnée	skin, hide; grassed-over area
se griller la couenne*	se bronzer la peau	to tan one's skin, hide
avoir la couenne dure, avoir la peau dure	être dur à cuire	to be hard-boiled, tough as nails
couleurer*	colorier	to colour
coulisse* (f)	trace	streak (of paint, etc.)

Québec	France/Québec	
un coup (que)* (Un coup parti, j'ai crié fort.)	une fois (que) . . ., dès que . . .	once, just as soon as (As soon as I was out of there, I let out a yell.)
encore un coup*	encore une fois	once again, another time
coupailler*	couper maladroitement	to cut up
C'est coupé carré.	C'est clair comme bonjour.	It's crystal clear, clear-cut.
courailler*	fainéanter, courir, traîner les rues	to run around (in the streets, etc.)
coureur de chemins (m)	vagabond	hobo, tramp
à la (fine) course*	à toute vitesse, à fond de train	at full speed
couvert* (m)	couvercle, couverture	lid; cover
couverte* (f)	couverture	cover, blanket
crampant*	drôle, *bidonnant*	funny, hilarious
cramper*	cramponner	to clamp
crapet* (m)	personne laide	ugly person
craque* (f)	lézarde	crack
craquepotte* (m)	timbré, *zinzin*	crackpot, nut
craquer*	lézarder	to crack
cré (+ nom, Cré-Jacques, etc.), sapré	sacré (+ nom)	a nickname (Jackie boy, etc.)
creux, creuse	profond	deep
criages* (m, pl), criaillage* (m)	cris, criaillerie	shouting, whining, hollering
crinquer*, recrinquer*	remonter, requinquer	to crank, wind up
C'est crissant, chrissant.	C'est chiant.	It's a pain in the ass.
être en crisse, en chrisse	être fâché, en rogne	to be mad as hell
crisser, chrisser son champ, crisser, chrisser la paix	foutre le camp	to take off, to scram

Québec	France/Québec	
Je m'en crisse, je m'en chrisse.	Je m'en fous.	I don't give a damn.
croche* (m)	malhonnête, voleur	crook, thief
croche*	courbé, crochu, tordu; malhonnête	crooked, bent; crooked, dishonest
tête croche*	*qui a des idées fausses*	wrong-headed, mixed-up person
crochi*	tordu	crooked
crochir*	devenir tordu; tordre	to become crooked; to make sth crooked
se faire crosser	se faire baiser	to be had, get screwed
avoir une crotte sur le coeur*	être aigri	to have a chip on one's shoulder
crotté (m), crottée (f)	salaud, salope	scum, scumbag
croupir*	traîner, rester	to stay, hang around
avoir qn dans le cul	ne pas pouvoir blairer qn	to hate s.o.'s guts
se grouiller le cul	*se manier*	to hurry up, move one's ass
se faire prendre les culottes à terre	se faire prendre	to get caught with one's pants down

D

dame* (f)	épouse	wife
dans le moins*, dans le plus* (on a parlé dans le moins deux heures)	au moins, au plus	at least, at the most
faire un deal*	conclure un marché	to make a deal
débalancé	déséquilibré	unbalanced
débarquer (d'une auto, etc.)	descendre	to get off (a bus), to get out (of a car)
débarquer de qch	se tirer de qch; se retirer de qch	to get out of sth (difficulty); to drop out of sth

Québec	France/Québec	
prendre une (sa) débarque	échouer, rater; faire une chute	to blow it, to fall on one's face; to fall down
Débarre-toi!	Dégourdis-toi!	Smarten up! Don't be so narrow-minded!
débiscaillé, débriscaillé	défoncé; brisé	bashed in; worn out
être débobiné*	être déçu	to be disappointed, let down
débouler	dégringoler; pousser en bas	to stumble, fall down; to push down
débretter	déranger	to wreck, mess up
décâlissé	abîmé, démoli; déprimé	busted; down, depressed
se déchoquer*	s'apaiser	to calm down
décocrissé*, déconcrissé*	cassé, massacré; abîmé, en morceaux	wrecked; in pieces, mangled
Décolle! Décolle-toi!	File! Fous-moi la paix!	Take off! Leave! Scram!
décrisser	*foutre le camp*	to bugger off
décrochir*	redresser	to straighten out (sth crooked)
se faire déculotter*	se faire avoir	to get taken in
se défâcher	se calmer	to calm down, cool it (one's anger)
définitivement*	sûrement	definitely
déflaboxé*	déprimé	depressed, down
défuntisé	foutu; trépassé	finished, done for; dead, pushing up daisies
dégêné*	à l'aise	comfortable, at ease
se dégêner*	se mettre à l'aise	to relax
Dégosse!	Fiche le camp!	Scram! Beat it!
Déguédine*! Déguédille*! Diguidine*!	Ouste!	Move! Get along!

Québec	France/Québec	
déjeter*	rejeter	to reject
(se) déjouquer*	déjucher; se casser la figure	to come off the roost; to fall on one's face
démancher*	démonter; déplacer; démolir; aider qn; luxer; abattre	to take apart; to move sth; to destroy; to help s.o. out; to dislocate; to demoralize, shatter
se démêler* (de qch)	se débrouiller	to get along, get out of trouble
en démence*, en démanche*	en ruine; déprimé	ruined, wrecked; depressed, down
à demeure (fou à demeure, etc.)	complètement, vraiment	completely, really (really nuts, etc.)
démon	difficile; espiègle	damn hard; devilish
en démon (de la neige en démon, etc.)	beaucoup de (neige, etc.)	a helluva lot (of snow, etc.)
être en démon*	être fâché, fou contre qn	to be angry
dénarfer*, dénerfer*	démoraliser	to demoralize, get s.o. down
Dénarve!	*Déconne pas!*	Don't make an ass of yourself!
(se) déniaiser*	ne pas faire l'idiot	to smarten up
un dénommé	un nommé	someone called, by the name of
dépareillé	sans pareil; *extra*	without equal, matchless; extraordinary, something else
déplanter*	supplanter	to oust s.o.
dépogner qn*	décomplexer, libérer	to get rid of s.o.'s hang-ups
dépotoir (m)	*décharge*	dump (snow, tire)
dérangeant	fâcheux	disturbing
dérencher, dérincher	briser, abîmer, défoncer; amocher	to break, bust; to beat up

Québec	France/Québec	
ne pas dérougir*	ne pas s'arrêter	to go on, continue, keep on going
se désâmer*	s'épuiser, se crever	to wear oneself out
désappointer*	décevoir	to disappoint
désappointement* (m)	déception	disappointment
se dessouffler	se dégonfler	to get deflated
dessour*	dessous	under
dételer	décamper	to take off, scram
détoureux*	rusé	sly, tricky
se déviander*	se démener	to kill oneself at sth
déviarger	foutre le camp; abîmer	to scram, bugger off; to break, wreck
C'est déviargeant*!	C'est terrible!	It's unbelievable!
D'où est-ce que tu deviens*!	D'où viens-tu?	Where are you from?
dévirer*	détourner	to turn away, aside
dévisageant*	déconcertant, embarrassant	disconcerting, puzzling
Ça doit.	Sans doute.	No doubt. It must be.
dévousque*	d'où	(from) where
C'est beau (que) le diable.	*C'est vachement beau.*	It's beautiful as hell.
Il n'y en a pas le diable.	Il n'y en a pas beaucoup.	There isn't a hell of a lot.
donner le diable à qn	engueuler qn	to give s.o. the devil
se démener comme un diable (des diables) dans l'eau bénite	se débattre comme un beau diable	to work like the devil
être en diable	être en rogne	to be damned angry
n'être pas le diable, s'en aller sur le diable	n'être pas fameux	to be no hell, not up to much
Ça parle au diable.	Ça me surprend beaucoup. Ça me dépasse. C'est extra.	It's really a surprise. It beats me. It's something else, great, out of this world.

Québec	France/Québec	
faire du diguidi ha ha	faire des folies	to raise hell, to have a wild time
C'est diguidou, c'est tiguidou!	*C'est sensas!*	That's great! What a rush!
avoir pour son dire que*	penser que . . .	to think that . . ., from what I've heard
C'est ben pour dire, . . .	On n'aurait jamais cru ça, . . .	You're not gonna believe this, . . .
C'est pas disable*.	On ne peut pas le décrire. Tu ne peux pas t'imaginer.	You just can't describe it! It's unbelievable!
dis-moi pas que* . . .	tu ne veux pas dire que . . .	don't tell me that . . .
dolle*, dull*	ennuyeux, *barbant*	dull, boring
Beau dommage*!	Bien sûr! Évidemment!	Sure!
C'est beau dommage.*	C'est parfait.	That's fine.
domper*, dumper*	laisser tomber, lâcher, se débarrasser	to dump sth or s.o.
C'est pas donnable*.	Ça ne se donne pas.	You can't give that.
dôpe*, draille*, droye* (f)	drogue	dope, stuff, drugs
dôpé*, draillé*, droyé*	drogué	dope fiend, head
dormette* (f)	somme	nap, snooze
se douilleter	se dorloter	to pamper oneself, get cleaned up
doutance*, redoutance* (f)	doute, soupçon	doubt
être down*	être maussade, déprimé	to be down
drabe*	beige; rasoir	beige; a bore, a drag
draille (voir dôpe)		
drastique*	radical	drastic
drette-là*	sur le champ; d'un seul coup	right on the spot; all at once
drette à soir*	dès ce soir	right tonight
passer tout droit	dormir trop tard	to sleep in, oversleep

Québec	France/Québec	
droyé (voir dôpé)		
dull (voir dolle)		
dumb*	bête, stupide	dumb
faire dur*	être difficile; être laid	to be hard (situation); to be ugly
dur de gueule* (m)	dur à vivre	hard-headed person, loudmouth

E

Québec	France/Québec	
éberluant*	très surprenant, étonnant, dément	amazing
éborgner* (un verre, etc.)	ébrécher	to break the edge (of a glass, etc.)
C'est écartant*.	On s'y perd.	You can get lost there.
écarté*	timbré; perdu, égaré	crazy, nuts; lost
écarter qch*	perdre qch	to lose sth
s'écarter*	s'égarer	to get lost, lose one's way
écartillé*	perdu; écartées (jambes)	lost; split, spread apart (legs)
s'écartiller	se déranger	to run wild, let loose
écartiller*	écarquiller	to open wide (eyes); to spread (legs)
faire eau	être percé	to leak (bucket, etc.)
échappe* (f)	écharde; écharpe	sliver; sling
J'ai échappé mon crayon*.	. . . laissé tomber . . .	I dropped my pencil.
écharogner	mal couper, déchiqueter	to rip up, cut to pieces
C'est écho.	Ça résonne.	It echoes.
éclaireuse* (f)	guide	Girl Guide
(C'est beau, etc.), c'est écoeurant!	(C'est beau, etc.), c'est terrible!	It's amazing, it's terrific (how beautiful it is, etc.)!

Québec	France/Québec	
Mon écoeurant!	Salaud!	You bastard!
en écoeurant	*vachement, à gogo*	a hell of a lot, quite a bit
écœuranterie (f)	saleté, saloperie	disgusting thing, dirty trick
écornifler	fourrer le nez partout	to nose around
écornifleux	fureteur	nosy person, sneak
écrapoutiller*, écrapoutir*	écraser, écrabouiller	to crush, squash
s'écrapoutir*	s'écraser	to crash, fall down
écraser, s'écraser	s'affaisser	to sink back (in chair)
écrianché*, égrihanché*	tordu	crooked
écriveux*	*qui aime écrire des lettres*	a great letter writer
Efface!	*Tire-toi!*	Get lost!
effoirement* (m)	effondrement	collapse
effoirer*	écraser	to squash
s'effoirer*; s'effouérer*	s'affaisser; s'écraser	to collapse, slump (in a chair, etc.); to crash down
C'est beau, c'est effrayant!	*C'est vachement beau!*	It's really nice! Is it ever nice!
égarouillé*	hébété; hagard; écarquillé	dazed; haggard; wide-open (eyes)
s'égrandir*	s'agrandir	to get big
s'éjarrer*	se perdre; se démener; trébucher	to get lost; to fling about; to stumble
Il n'y a pas de quoi s'éjarrer.	. . . fouetter un chat.	There's nothing to get worked up about.
Tu t'éjarres!	Tu exagères! Tu charries!	You're stretching it! You're going too far.
eksiprès, (voir exiprès)		
J'embarque.	Je marche.	Count me in.
se faire embarquer	se faire rouler	to get taken in

Québec	France/Québec	
embarrer, rembarrer	enfermer; fermer à clef	to lock up; to lock in or out
C'est embêtant.	C'est embarrassant.	It's puzzling.
Ça m'embête.	Ça me dépasse.	It beats me.
Tu m'embêtes.	Ça m'échappe.	You've stumped me.
emboufter, embouveter	rainer, *mortaiser*	to groove, slot (wood)
Embraye!	Allez-y! Vas-y!	Get a move on! Shake a leg!
s'emmailler	se prendre dans les mailles	to get enmeshed, tangled up
emmanchure (voir amanchure)		
empâté	sans initiative	bum, person without motivation
emplâtré, e	emplâtre	lazybones
se faire emplir*	se faire rouler	to get taken in, to be had
endormitoire (f)	envie de dormir	sleepiness
enfant de chienne	*sale con*	damn bastard
en enfant de chienne*	très, beaucoup	really, a lot
être en enfant de chienne	être en rogne	to be pissed off
enfargeant*	qui entrave, empêtre	a nuisance, always getting in one's way
s'enfarger*	trébucher; s'empêtrer, s'encombrer	to trip; to get jumbled up, confused
enfirouâpé	en colère, *en rogne*; dupé	in a bad temper, bitchy; tricked
enfirouâper*	avaler, gober	to swallow, to down, gulp down
se faire enfirouâper	se faire attraper; se faire duper	to get caught; to get taken in; screwed
enfirouâpette (f)	duperie	hoax, swindle
ennuyance* (f)	nostalgie	nostalgia

Québec	France/Québec	
ennuyant	ennuyeux	boring
s'ennuyer de qn (Je m'ennuie de lui.)	manquer à qn (Il me manque.)	to miss s.o. (I miss him.)
ennuyeux*	qui a le mal du pays, nostalgique	homesick
ensuite de ça*	après	afterwards, later
entécas*, entéka*, en tous les cas	enfin	anyway, well, . . .
entendouère* (f)	intelligence, esprit	wit
enterrer (un son)	étouffer	to drown out (sound)
envaler*	avaler	to swallow
Envoie*! Envoueille*! Envoie donc*!	Fais vite! Vas-y!	Come on! Hurry up! Shoot!
Envoie fort*!	Allez-y!	Go to it!
épaillé*	ébouriffé; détraqué; éparpillé	messed up (hair); nuts, screwy; scattered about
épais (m), épaisse (f)	niais, minus	dummy, dense person
épais dans le plus mince	très "épais"	really dumb
épastrouillé*	choqué, effarouché	taken aback, shocked
épeurant	effrayant	scary
s'épivarder*	faire sa toilette; s'égarer; se disperser; faire le fou	to wash up; to get lost; to spread oneself too thin; to make a fool of oneself
éplucher les vieux légumes	rabâcher	to harp on things, on the past
se faire éplucher	se faire rouler	to get taken in
C'est beau épouvantable!	C'est extraordinairement beau!	It's really beautiful!
à la (fine) épouvante	à la hâte, *à la va-vite*	quickly, like a shot
ne pas être d'équerre*; être d'équerre*	être de mauvaise humeur, ne pas être d'accord; être de bonne humeur	to be in a bad mood, to disagree; to be in a good mood

Québec	France/Québec	
à toute éreinte	comme un forçat	at a hard pace
prendre de l'erre (air)*, prendre un erre d'aller*	prendre de l'élan	to take off, get up speed
s'escarrer, s'escorer	se donner des airs	to act big
espérer qn*	attendre qn	to wait for s.o.
en esprit	beaucoup, *vachement*	a helluva lot
étamper	tamponner, estamper; *tabasser*	to stamp; take apart (s.o.)
Ça vient de s'éteindre*.	Ça y est. C'est fini.	Forget it. No way.
étrange* (m)	étranger	foreigner; outsider
étranger (m)	inconnu	stranger
être: C'était de (rester chez vous, etc.).	Vous n'aviez qu'à . . .	All you had to do (was stay at home, etc.).
étriller*	taquiner, agacer	to tease
s'étriper*	se crever au travail	to wear oneself out, to kill oneself (working, etc.)
étrivant*	agaçant	teasing, annoying
étriver*, faire étriver	taquiner	to tease
évachir qn*	rendre qn paresseux	to make s.o. lazy, make a bum of s.o.
s'évacher*, s'avachir*	s'étendre paresseusement, s'affaler	to stretch out, lounge around
s'exciter	s'énerver	to get excited
excité	énervé	excitable, jumpy person
Excuse! Excusez!	Pardon! Excusez-moi!	Sorry! Excuse me!
C'est beau par exemple!	Que c'est beau!	Is it ever beautiful!
J'aime ça par exemple.	J'aime bien ça.	I really like that.
exiprès*	exprès	on purpose
extra (m)	supplément de qch	(something) extra

Québec	France/Québec	
	F	
face* (J'aime pas sa face. Il se montrera pas la face.)	visage, figure	face (I don't like his face. He won't show his face.)
face de boeuf (prononcez boeu')	air abruti	idiotic, moronic face
fâchant	fâcheux	bothersome
avoir de la façon*	être sociable, être poli	to be sociable, to be polite
fafiner, farfiner	hésiter; finasser	to hedge, dilly-dally; to connive
fafineux, farfineux	indécis; rusé	dilly-dallying; conniving
fafoin, fafouin	étourdi, écervelé	nutty
faire (bien)	aller (bien)	to agree with s.o. (food); to suit s.o.; to fit s.o.
Laisse faire!	Laisse tomber!	Forget it! Can it!
faire son faraud	faire le faraud, crâner	to show off, act big
Pourquoi c'est faire?	Comment ça se fait?	How come?
M'as t'en faire!	J'vais t'en apprendre!	I'll show ya! You'll see!
Ça va faire!	Ça va! Ça suffit!	That'll do! That's enough!
faire fâcher*	fâcher	to make angry
ça fait que	alors . . ., c'est pour ça que	so . . ., that's why . . .
faite* (f)	cigarette toute faite	ready-made cigarette
fake*, féke* (m)	chose truquée, du toc	fake, sth phoney
faker*, féker*	faire semblant	to fake, pretend
avoir la falle basse	être triste et déprimé, *avoir la mise longue*; avoir le ventre creux	to be sad, have a long face; to be famished
fancy*	élégant, huppé, extravagant	fancy, high-class
fanfarluque, fanfreluque (f)	fanfreluche	trinket, frou-frou
farce (f)	blague, plaisanterie	joke

Québec	France/Québec	
C'est une farce plate.	C'est une mauvaise plaisanterie.	It's a bad, stupid joke.
C'est pas des farces.	C'est bien vrai. C'est pas de la blague.	No fooling. I'm not kidding. I mean it.
Pas de farces!	Sans blague!	No kidding!
farfiner (voir fafiner)		
fatiquant, e*	fatigant	tiring; nuisance
feeling* (m)	sensation; joie	feeling; good feeling
avoir le feeling*	*avoir le chic*	to have the knack, the right touch
fend-le-vent (m, f)	prétentieux, *chochotte*	stuck-up person, snot
Ça me fend la face, la gueule.	Ça m'indigne. Ça me révolte.	That gets my goat.
se fendre (le cul) en quatre, en soixante-quatre, en soixante-dix pour faire qch*	se mettre en quatre pour faire qch	to bust one's ass (doing sth)
fendant	prétentieux, *chochotte*	conceited, smug, stuck up
faire du feu	passer comme un éclair	to streak (like lightning)
Ferme-toi! Ferme ta trappe!	Ferme ta gueule!	Shut up. Shut your trap!
fesser	frapper fort	to hit, to smash, whack
passer au feu	être incendié	to burn down
fier*	orgueilleux	proud, haughty
Je suis fier* de te connaître.	content de . . .	I'm glad to know you.
être en fiferlot	être en rogne	to get one's dander up
(deux jours, etc.) de file	. . . de suite	. . . in a row
film* (m)	pellicule	film (for cameras)
fin, fine	aimable, gentil	kind, nice
faire son fin-fin	faire le je-sais-tout	to act smart, to be a smart-aleck
pas-fin* (m), pas-fine* (f)	personne désagréable	unlikeable person

Québec	**France/Québec**	
(tout) fin (fin prêt, etc.)	réellement, tout à fait	really, completely (really ready, all set, etc.)
Il y en a pour les fins pis les fous*.	Il y en a énormément.	There's an awful lot of them.
fion (m)	polisson	rascal, brat
pousser des fions à qn	insulter, critiquer qn	to dig, get at s.o.
fitter*	convenir, aller; ajuster	to fit, suit; to adjust, fit
Ça me fitte*.	*Ça me botte.*	Suits me fine.
Ça fitte*.	Ça va comme un gant. Ça me va.	It fits fine. That's fine.
avoir le fixe*	avoir sommeil	to be sleepy
flacoter	clapoter	to splash, chop
flailler*	filer; héler	to fly, hurry away; to hail, flag down (a taxi, etc.)
flaillé*, flyé*	étrange; parti, drogué	far out, weird (book, person, etc.); out of it, buzzed
flambe* (f)	flamme	flame
flamber la cervelle à qn*	brûler . . .	to blow s.o.'s brains out
flammèche (f)	étincelle	spark
flanc-mou (m), flanche-molle (f)	paresseux, *tire-au-cul*	lazybones
flâneux* (m)	flâneur	loiterer
flash* (m)	idée, éclair	flash, idea
flashy*	voyant, clinquant	flashy
flatter la bedaine à qn*	lécher les bottes à qn	to play up to s.o.
flauber qn	rosser qn	to beat s.o. up, to clobber s.o.
fligne-flagne (m)	subterfuge, faux-fuyant	funny business, flim-flam
C'est flippant!	C'est extra!	That's far out!

Québec	France/Québec	
flo* (m), flouche (f)	adolescent, petit jeune	teenager, kid
floche*	généreux	generous, kind
flopper*, faire un flop*, un floppe*	foirer	to flop
flouxe* (m)	coup de chance	fluke
focaillage (m)	tâtonnement; flânerie	fumbling; horsing around
focailler	tâtonner; *lanterner, branler les mouches*	to feel one's way around; to horse around, fiddle around
fofolle	cinglée	crazy, nuts; crazy woman
foin (f), (fou comme un foin, comme foin à lier)	fou, timbré	nuts, batty
mon petit foin	mon petit chou	sweetie
foirer	s'amuser ferme, faire la foire	to have a great time, let loose
des fois	parfois	sometimes
des fois que	si par hasard	if ever
folleries, foleries (f, pl)	niaiseries	foolishness, nonsense
avoir du fonne (fun)	s'amuser, bambocher	to have fun, a good time
avoir un fonne bleu, fonne noir, fonne vert	s'amuser follement, *se marrer*	to have a far-out time
C'est le fonne.	C'est amusant, drôle. C'est génial. *C'est le pied.*	It's fun. It's great. It's far out.
pour le fonne	pour rire	just for fun, for the hell of it
C'est un gars ben le fonne.	C'est un chic type.	He's a nice guy, a good head.
ne pas être de fonne	*ne pas être sympa,* ne pas être drôle	to be no fun
foqué	foutu	finished, done for, fucked
foquer	bousiller	to foul up, bugger up
foquer	échouer, foirer	to be a fuck-up

Québec	France/Québec	
C'est de la grosse foque. C'est foquant.	C'est une affaire foutue.	It's a real foul-up, fuck-up.
au forçail*, au forçaille*	à la rigueur	if I really have to
forçant*	difficile, dur	hard, difficult
fortiller*	frétiller	to wiggle, quiver
faire un fou de qn*	duper qn, se moquer de qn	to make a fool of s.o.
lâcher son fou*, son fonne*	se défouler	to let oneself go, to let one's hair down
prendre une fouille, fouiller	tomber, *ramasser une bûche*	to take a nose-dive
fourrailler*	*baguenauder*	to fool around
fourrant*	déroutant	disconcerting
Fourre-toi-le dans le cul! Tu peux te le fourrer.	Va te faire foutre!	Stuff it! Fuck off!
fourrer qn	tromper qn, foutre qn; mettre qn dedans	to fool, take s.o.; to screw s.o.
fourrer le chien, foquer le chien	*branler les mouches*	to goof off, loaf, fuck around
se fourrer	*se ficher dedans, se gourer*	to make a mistake, fuck oneself
s'en fouter	s'en foutre	to not give a damn
Je suis en frais de travailler*.	Je suis en train de travailler.	I'm (in the act of) working.
se sentir comme à frais virés	être sur des charbons ardents	to be all upset, in a stew
frais*, fraischié*, fraichier* (m)	prétentieux, fanfaron	snot, snooty
faire son frais*, sa fraîche	faire le prétentieux	to act smart
franchement!	vraiment!	really!
frappé (m)	snob, snobinard; cinglé	snob, stuffed shirt; nut, weirdo
frapper un bon cours*, etc.	tomber sur . . .	to find a good course, etc.
frapper dans le mille	frapper juste	to hit the nail on the head
frapper une place*	arriver à un endroit	to come to a place

Québec	France/Québec	
frapper qch, qn	heurter	to hit, run into sth, s.o.
fret, net, sec*; net, fret, sec*	brusquement, de but en blanc	suddenly, on the spur of the moment
partir rien que sur une fripe	déguerpir	to take off like lightning
fripé	éreinté	worn out, exhausted
avoir du front tout le tour de la tête	avoir du culot	to have a lot of nerve, of gall, to be bold as brass
fumage* (m)	action, habitude de fumer; tabac	smoking; smokes, tobacco, makings
funérailles (f, pl)	enterrement	funeral
en fusil (avoir les yeux en fusil, être en fusil)	fou furieux	roaring mad, angry

G

Je gage que . . .	Je parie que . . .	I'll bet that . . .
courir la galipote, galipoter	nocer, courir la prétentaine	to run around, to gallivant
être game*	être partant; être généreux	to be game; to be generous
C'est une belle gamique.	C'est une bonne combine.	It's a good racket.
connaître la gamique	connaître la musique	to know the ropes
gang*, gagne* (f) (d'amis, de monde)	bande; bon nombre, pas mal de	gang (of friends); quite a few (people)
tenir qn par la ganse*	coincer qn	to have s.o. cornered, where one wants him
Garanti*!	Certainement!	Sure thing! For sure!
garnotte (f)	pierre concassée	crushed stone
garroché	excentrique, original	far out, unconventional
garrocher	lancer, foutre; bâcler	to throw, toss, pitch; to dash off, throw together
se garrocher	se dépêcher; se montrer; s'efforcer	to fling oneself, rush; to show off; to try hard
gaspil* (m), gaspille* (f)	gaspillage	waste

Québec	France/Québec	
gaspiller*	gâter	to spoil
gazé	pompette; cinglé	tipsy; nuts
geint* (m)	gémissement	groan, moan
gelé	drogué, givré	high, stoned
Il n'y a pas de gêne.	Ne soyez pas gêné.	Don't be shy.
gens (prononcez genses*, gences*) (m, pl)	gens	people
gestes* (m, pl)	caprices; grimaces; façons	whims; faces; fuss, airs
gesteux*	capricieux; grimaçant; affecté	flighty; s.o. who makes faces; stuffy
gibelotte* (f)	affaire embrouillée; baragouin	mixed-up affair, mess; gibberish
gigotement* (m)	trémoussement	kicking, twisting
gnochon, gniochon, niochon (m)	niais, *godiche*	dumb-bell, idiot
gnochonnerie* (f)	niaiserie	foolishness, craziness
partir sur le go*	s'amuser; boire	to have a good time; to drink (alcohol)
goglu* (m)	mauvais plaisant; *terme d'affection*	practical joker; a term of affection
C'est de la haute gomme!	Ce sont de grosses légumes.	They, he, etc. have really made it. They're real big shots.
gorlot, guerlot (m)	timbré; mauvais plaisant	dumbbell; practical joker
rien que sur une gosse	rapidement, au plus vite, en cinq sec	really fast, like a bat out of hell
gosser	importuner, emmerder; *lanterner*	to bug, bother; to piddle around
se gourmer*	affecter un air grave et fâché	to look serious and mad
(tu vas, etc.) y goûter	prendre une raclée	(You, etc.) are going to get yours (a beating).
graillon* (m)	suif	candle grease

Québec	France/Québec	
prendre qch avec un grain de sel	ne pas prendre qch au pied de la lettre	to take sth with a grain of salt
avoir les yeux dans la graisse de binnes*	ne pas avoir les yeux en face des trous; avoir les yeux dans le vague	to have bloodshot eyes; to have far away eyes
Il fait pas grand-façon*.	Tout lui est égal.	He couldn't care about anything.
T'a pas une grand-façon*.	T'es pas causant.	You don't have a lot to say.
être grandement (dans ta maison)	être à l'aise . . .	to have lots of room (in your house)
recevoir sa gratte, manger sa (une) gratte	se faire engueuler	to get it, get bawled out
être grave*	être prêt à tout	to be ready for anything
Elle est grave (aux portes)*.	*Elle est extra.*	She's really something.
gravouille* (f)	taquinerie	teasing
gravouiller*	agacer, taquiner	to tease
grément (m)	équipement, installation, nécessités	equipment, get-up, set-up, stuff, rig
grébiche, gribiche (f)	femme peu jolie; putain; personne acariâtre	ugly woman; whore; sour-tempered person
être greyé*, gréé*, greillé*	être équipé; être préparé	to be set up, all set, well fixed; to be ready to, all set to
être mal greyé	être dans une mauvaise position	to be in a bad way, badly off, in a tough state
gribouiller	se chamailler	to quarrel, pick at each other
être en gribouille	être en chicane	to be on bad terms, to squabble
gricher*	grincer, crisser; siffler; pleurnicher	to grind, to buzz; to whirl; to whimper
griche-poil, grichu (m)	*personne maussade*, grognon	sourpuss, mope
grichou (m)	malcommode, importun	a real bug, a nuisance

Québec	France/Québec	
grimper dans les rideaux	être dans tous ses états	to climb the walls
gringueux* (m)	avare; pauvre	stingy, tight; poor, poverty-stricken
grippette* (m, f)	diable; enfant espiègle; personne sévère	the devil; brat; strict person
grouiller*	bouger	to move
faire des guédilles	faire des risettes	to go cootchy cootchy coo (to a baby)
ne pas valoir une guedine*	ne rien valoir	to be worth nothing
être mou comme de la guenille	*être mou comme une chiffe*	to be an old softy
guenillou (m)	clochard	bum (dressed in rags)
guerlot	cinglé	nuts, off one's rocker
faire la gueule de bois	*faire une gueule d'enterrement*	to sulk, have a low face
avoir la gueule fendue jusqu'aux oreilles	*qui rit de bon coeur*	s.o. who laughs a lot

H

J'haïs (t'haïs) ça*.	Je hais (tu hais) ça.	I hate (you hate) it.
haïssable*	espiègle	mischievous
(chemin de) halage	chemin pour tirer les billes en hiver	road used to haul timber in the winter
haler*	tirer	to haul, pull
hart (f)	*branche utilisée comme fouet*	whip made out of a branch
hâte (J'ai hâte à Noël.)	J'ai hâte que Noël arrive.	I can't wait for Christmas.
hérisson*	susceptible, chatouilleux	touchy
être high	être drogué	to be high
c'te histoire*	sans blague	no kidding, of course
faire son homme	faire comme un adulte	to act grown-up, like a man
huile à bras (f)	huile de coude	elbow grease

Québec	France/Québec	
	I	
ici-dedans*	ici, là-dedans	here, in here
icitte*, icite*	ici	here
faire son idée, se faire une idée	se décider	to make up one's mind
J'ai idée* de faire ça.	J'ai l'intention de . . .	I'm seriously thinking about doing that.
ienque*	rien que	nothin' but
image* (f)	photo; statue	picture; statue
importé*, rapporté* (m)	étranger	foreigner
incommode	insupportable	unbearable
(vert, etc.) incomparable*	très	really (green, etc.)
infâme	insupportable	unbearable
insécrable	impossible	intolerable
insécure*	incertain, instable	insecure
inserviable*	inutilisable	useless, unserviceable
invitant	hospitalier	hospitable
ioù*, ioùque*, iousque*	où	where
itou*	aussi	also, too
	J	
jacassage (m)	jacasserie	jabbering
avoir de la jacasse	être fort en gueule	to have a big mouth
donner une jambette à qn*	faire un croc-en-jambe à qn	to trip s.o.
(faire qch) à la jambette	(faire qch) négligemment	(to do sth) in a half-assed way
jammer*, djammer*	(se) coincer, (se) prendre	to jam up, get jammed
jargouiner	bavarder	to chatter

Québec	France/Québec	
jarnigoine* (f)	intelligence, initiative; audace	intelligence, initiative; nerve
faire son jars, faire le jars	se pavaner	to strut
jaser	bavarder, causer	to chat
jasant	bavard	chatterbox
jase, jasette (f)	causette	chat, talk
jaune	lâche, *demi-sel*	yellow, cowardly
jaune (m)	poltron	chicken
faire son ti-Jean Lévesque*	faire le dur, *faire le gendarme*	to be bossy
jeunesser*	bambocher	to live it up
faire la (une) job à qn	mettre qn à sa place; assassiner qn	to do a job on s.o.; to wipe s.o. out
joke* (f)	blague	joke
jomper*	sauter; quitter son emploi; s'enfuir	to jump; to skip work; to run away
jongler*	réfléchir; rêvasser	to think; to dream
jongleux*	rêveur	dreamer
(Ti-) Jos Connaissant* (m)	un "je sais tout"	know-it-all
joual (m)	*français québécois familier, souvent associé au milieu ouvrier de Montréal, et souvent péjoratif*	joual, very colloquial Canadian French (often associated with working-class Montreal, and often pejorative)
se mettre en (beau) joual vert	sortir de ses gonds	to get one's dander up
joualeux, joualisant	*qui écrit ou parle en joual*	joual speaker or writer
jouer dans les cheveux	jouer un sale tour	to play a dirty trick (on s.o.)
ils jousent*	ils jouent	they are playing
jusse*	juste	just, only, right
C'est justement.	Précisément.	That's for sure. Precisely.

Québec	France/Québec	

K

kétaine, quétaine	kitsch, *pompier*, vieux jeu; grossier	silly, backward, camp, corny; gross, coarse
kétainerie, quétainerie (f)	kitsch	camp, silliness, corn
L'affaire est ketchoppe (catchup).	C'est dans le sac.	It's in the bag.
ketchup (catchup)*	de premier ordre	first class
en ketchup (catchup)*	très, en diable	really, a lot
kisser*, souquer* (un chien contre . . .)	lancer . . .	to sic (a dog on . . .)
tout le kit	tout le bataclan	the works, the whole shebang

L

lâcher qn tranquille*	laisser qn tranquille	to leave, let s.o. alone
Lâche-toi lousse*!	Laisse-toi aller!	Let yourself go!
Lâchez pas!	Courage!	Hang in! Don't give up!
Il lâche pas de travailler*.	Il n'arrête pas de . . .	He doesn't stop working.
lâcherie* (f)	lâcheté	cowardly act
C'est un Anglais pure laine.	C'est un Anglais à cent pour cent.	He's a real Englishman, a dyed-in-the-wool Englishman.
laite*	laid	ugly
lambineux	lambin	slowpoke
en lavette	*trempé comme une soupe*	soaking wet
lavé	battu, détruit	beat, wiped, clobbered
lé*, (Dites-lé!* Faites-lé!*)	Dites-le, Faites-le!	Say it! Do it!
lésinage (m)	hésitation, tergiversation	hesitation, beating around the bush
lésiner	hésiter, tergiverser	to hesitate, to beat around the bush

Québec	France/Québec	
lever les pattes	mourir, casser sa pipe	to kick the bucket
lichage* (m)	flatterie	buttering up; soft soap
licher*	lécher; flatter	to lick; to flatter, to butter up
licheux*	lèche-bottes	soft-soaper, browner
limonage* (m)	hésitation	hesitation
limoner*	hésiter; pleurnicher	to hesitate; to whimper
limoneux*	lambin	s.o. who can't make up his mind
lisable*	lisible	readable
liseux*	grand liseur	a great reader, bookworm
loqué*, lucky*	chanceux, veinard	lucky
loose*, lousse*	lâche; détendu; libre; en vrac	loose; relaxed; on the loose; loose
loose*, lousse* (m)	jeu	slack, play (in rope, etc.)
lucky (voir loqué)		
lutter*	heurter; pousser	to run into; to push around
lyreux	pleurnicheur; rabâcheur	whiner; s.o. who rehashes sth, a broken record
lyrer	pleurnicher; rabâcher	to whimper, whine; to rehash sth

M

maganer	abîmer, user; abîmer, amocher, maltraiter; éreinter	to bust, wreck, wear out; to beat up, treat badly; to tire out, poop
se maganer	s'éreinter	to tire, to poop oneself out
magoua* (m)	pauvre	person from the poor part of town
maillet (m)	toqué	crazy person, s.o. who is off his rocker

Québec	France/Québec	
à main*	commode; obligeant, accessible	handy, helpful; right there when needed, etc.
mais que tu sois là*	dès que tu seras là, quand tu seras là	as soon as you're there, when you come
être malade pour qch	être fou de qch	to be nuts over sth
mal-à-main*	incommode; désobligeant	clumsy, hard to use, impractical; distant, unfriendly
malappris, ise	mal élevé	bad-mannered
malavenant	hargneux	cross, grouchy
malcommode	tapageur	noisy (child)
mal engueulé	mal embouché	foul-mouthed
malendurant	rude	harsh, gruff
mal-en-train*	mal-en-point	in a bad state, a sorry way
malin, ine	méchant	bad, mean
malinstruit	malotru	foul-mouthed
mal-pogné	mal pris	in a bad way
malvat (m)	marmot	brat
man*, moman*, mouman* (f)	maman	ma, mom
mange-canayen, mange-chrétien (m)	usurier, marchand qui demande des prix exorbitants; sans-coeur	shark, crooked merchant; slave driver
en manger toute une, en manger, manger une gratte	prendre une raclée	to get hell, to get beat up
manger de la misère	manger de la vache enragée	to be hard up
manger des bêtises	se faire engueuler	to get insulted, get run over
manger une volée	prendre une volée	to get a real thrashing
manger les balustres (mangeux de balustres)*	être excessivement pieux	to be overly religious (an overly religious person)
manquable*, manquablement*	probable, probablement	likely

Québec	**France/Québec**	
Je manque mes amis*.	Mes amis me manquent.	I miss my friends.
manquer (de) faire qch	faillir faire qch	to just about do sth
être sur la mappe*	être sur la carte	to be on the map (reputation)
marabout	irritable, de mauvaise humeur	grouchy
C'est pas marchable.	Ce n'est pas praticable.	It's hard to walk through there.
marcher un endroit*	parcourir un endroit à pied	to go over, cover, walk (a place)
Marche te coucher*!	Va te coucher!	Go to bed!
prendre une marche	faire une promenade	to go for a walk
marchage*, marchement* (m)	marche, promenade	walking
De la marde!	Merde!	Bullshit!
donner de la marde à qn	engueuler qn	to give s.o. shit
C'est (le bout) de la marde!	C'est décourageant. C'est affreux.	It's really shitty (awful). It's the pits.
C'est pas de la marde!	Ce n'est pas n'importe quoi. C'est sérieux.	No shit! (It's really important.)
Mange de la marde! Pitche-moi ta marde!	Va chier!	Drop dead!
fou comme la marde	fou comme un braque, complètement dingue	as crazy as hell
mardeux	merdeux; trouillard; *veinard*	filthy dirty; chicken, coward; lucky bastard
t'es mardique, merdique	*t'es veinard*	you're a lucky bastard
marlot*, merlot* (m)	vaurien, galapiat	good-for-nothing
M'as te dire qch.	J'vais te dire qch.	I'm gonna tell you sth.
C'est en masse*.	Il y en a assez.	That's enough. That'll do.
mataché*	tatoué; imprégné de couleurs, bariolé	tatooed; covered with many colours
(chez) ma matante	(chez) ma tante	at auntie's place

Québec	France/Québec	
matcher*	aller ensemble; assortir	to match up; to match
mature*	mûr	mature
maudire	jeter, foutre; abandonner	to throw, chuck; to leave, drop s.o.
se maudire de	se foutre de	to not give a damn
maudit (voir parler au diable)		
en prendre une maudite	se faire tabasser	to get it, get beaten up
mauditement	diablement	awfully, terribly, very
au plus maudit	au plus vite	in a bloody hurry
être en (beau) maudit	être fâché, en pétard	to be real mad, pissed off
C'est bien maudit.*	C'est bien dommage.	It's too darn bad.
Ça parle au maudit!	Pas possible!	No kiddin'! I don't believe you!
mon petit maudit, ma petite maudite	petit coquin, petite coquine	you little rascal
pas pour un maudit	pas pour un diable	not for anything, for the whole world
faire son maudit*	se donner des airs	to show off
du maudit (peur, etc. du maudit)	une sacrée trouille	a hell of (a scare, etc.)
méchant*	mauvais	wrong (number, address, etc.)
à une mèche de*	très loin de	a long way from
mélâillage* (m)	confusion, méli-mélo	mix-up
mélanger qn*	embrouiller qn	to mix s.o. up, to confuse s.o.
mêlant	compliqué, embrouillant	confusing
C'est pas mêlant.	Il n'y a pas à discuter.	There's no two ways about it.
mêlé	embrouillé, perdu	mixed-up, lost

Québec	**France/Québec**	
mêler, mélâiller* qn	embrouiller qn	to mix s.o. up
(Faut pas parler, etc.) de même.	Faut pas parler comme ça.	(You mustn't talk, etc.) like that.
(J'ai jamais vu une affaire, etc.) de même.	. . . pareille.	(I've never seen such a thing, anything, etc.) like it.
même à ça	même dans ce cas-là	even so
mémérage* (m)	bavardage, caquetage	gossip
mémère*, memére* (f)	commère, pipelette	gossip (man or woman)
mémérer*	faire des commérages, déblatérer	to gossip
un méné	du menu fretin	small fry
mener*	commander	to be the boss
mental* (m)	malade mental	mental, nuts
menterie* (f)	mensonge	lie, fib, lying
sa mère*	ma mère; ma femme	my mother; the wife, the old lady
se mériter (un prix)	gagner (un prix)	to win (a prize, etc.)
mi-carême* (m)	personne laide, laideron	ugly person
Il prend du mieux*.	Il va mieux. Il reprend du poil de la bête.	He's getting better, recovering.
minoune (f)	nana; chatte; appareil usé	woman, broad; kitty (female cat); worn out appliance (TV, etc.), wreck
minoucher*	flatter	to butter up; to pet (animals)
mise (f)	lanière, mèche	lash (of whip)
avoir de la misère à faire qch*	avoir du mal à . . .	to have a hard time doing sth
donner de la misère à qn	rendre la vie dure à qn	to give s.o. a hard time
une mitaine	un mou	a softy, a jellyfish
moé*	moi	I, me

Québec	**France/Québec**	
dans le moins (voir dans)		
agir comme du monde	agir comme il faut	to act normal, behave properly
Dans le monde!	Nom d'un chien!	My gosh!
Dans le monde, qui t'a dit ça?	Vraiment, par exemple, . . .	Who in the world, whoever told you that?
grand monde	grandes personnes	grown-ups
prendre toute sa petite monnaie	prendre toutes ses forces	to take all you've got (to do sth)
(chez) mon mononcle*	(chez) mon oncle	(at) my uncle's place
morfondre qn	crever qn	to tire out, work s.o. to death
morpionner qch	gâcher qch	to spoil sth, bugger sth up
morvaille* (f)	marmots	kids
morvaillon (m)	polisson; fainéant	little brat; lazybones
morviat (m)	gros crachat, *glaviot*; incapable, morveux	gob (of spit); useless person, snot
être en moses	être fâché, en rogne	to be mad, angry, have one's dander up
Mot (motte)!	Motus! Pas de réponse! Bouche cousue!	Mum's the word!
motton* (m)	motte, grumeau	lump
avoir un motton dans la gorge*	avoir la gorge serrée par l'émotion	to be all choked up (with emotion)
mouche à marde* (f)	*colle de pâte*	s.o. who always hangs around
ne pas se moucher avec des pelures d'oignon	*ne pas se moucher du coude*	to think one is hot stuff
C'est mourant.	C'est marrant.	It's hilarious.
se mouver	*se magner*, se grouiller	to get a move on, shake a leg
Mouve tes nippes!	Grouille-toi!	Shake a leg!

Québec	**France/Québec**	
	N	
nanane, nénane	niais, *godiche*; nanan, chose exquise	silly, corny, tacky; a real pearl, sth special, goodies
être en nanane	être fâché, en rogne	to be angry, hot under the collar
enfant de nanane*	vieille fripouille, vieux coquin	son of a gun
avoir le narf*, être sur le (les) narf (narfs)*, poigner les nerfs*	avoir les nerfs à fleur de peau	to be jumpy, nervous
navot, naveau (m)	imbécile, crétin	dumbbell
Les nerfs!	Du calme!	Calm down! Cool it!
prendre les nerfs*	s'emporter	to lose one's temper
nerfé*	qui a du nerf	nervy
Neveurmagne!*	Je m'en fous. Laisse tomber!	I couldn't care less. Forget it!
à net* (Il les a renvoyés à net.)	tous, sans exception; complètement, à fond	all of them (He fired them all.); completely
neuf* (prononcez neu*)	neuf	new
niaisages (m, pl)	niaiseries	horsing around, fooling around
niaiser	flâner, faire des choses insignifiantes, *lanterner*; rêvasser; emmerder; faire attendre	to fool, kid, joke around, waste one's time; to daydream; to bug; to keep waiting
niaiser qn	se foutre de qn; léser; toiser, reluquer qn	to make an ass of s.o.; to treat s.o. bad; to eye s.o., to stare at s.o., to ogle
niaiseux	stupide; niais	stupid, dumb; fool
nic* (m)	repaire	haunt
nic*, nique à chicanes* (m)	guêpier	hornet's nest
nic*, nique à feu*	boîte d'allumettes	firetrap
niochon (voir gnochon)		

Québec	France/Québec	
frapper un noeud*	rencontrer une difficulté	to run into trouble, into an obstacle
noir (colère noire, peur noire, etc.); (se pacter) noir	*bleu* (. . .); (se saouler) complètement	real, great (anger, fear, etc.); really (drunk, etc.)
noiron, noironne	noiraud	swarthy
crier des noms à qn	traiter qn de tous les noms	to call s.o. names
nono (m, f)	imbécile, noix, *zinzin*	nut, idiot
nounou, nounoune, noune	idiot, bête	nut
nounounerie* (f)	stupidités	craziness
chez nous*	chez moi	at my place, to my place

O

s'objecter à qch	s'opposer à qch	to object to sth
C'est pas obtenable*.	On n'en trouve pas.	You can't get hold of it.
C'est officiel.	C'est sûr et certain.	It's a sure thing.
officiellement	sûrement, à coup sûr	certainly, sure thing
être aux (petits) oiseaux	être aux anges	to be in seventh heaven, walk on air
C'est beau pas ordinaire*.	*C'est vachement beau.*	It's really, unusually beautiful.
organiser qn, organiser le cadran à qn	arranger qn	to fix s.o.; to get s.o.'s number
se faire organiser*	se faire rouler	to be taken in by s.o., to be had
ostination* (f)	discussion, altercation	argument
ostiner (astiner)*	contredire	to contradict
s'ostiner (s'astiner)*	s'entêter; discuter, *pinailler*	to be stubborn; to argue, bicker
ostineux*	entêté; raisonneur	stubborn; argumentative
Ôte-toi de dans ma talle*.	Mêle-toi de tes affaires.	Mind your own business.
Ouache!	*exclamation de dégoût*	Yuck!

Québec	France/Québec	
oubedon*	ou bien	or else
serrer les ouïes (du cou) à qn	frotter, tirer les oreilles à qn	to box s.o.'s ears
ousque*, où ce que*	où	where

P

pa	papa	pa, papa
pacager*	faire paître; faire comme chez soi	to graze (animals); to make oneself at home, settle in
pain (voir perdre)		
être né pour un petit pain*	être né pauvre, être dans le besoin	to be born poor, to be a born loser
pâmant	marrant	hilarious, a real scream
panel (m)	groupe d'études	panel
panéliste (m)	*membre d'un groupe d'études*	panelist
panier percé* (m)	personne indiscrète, fouineur; bavard	gossip; s.o. who can't keep a secret
pantoute*	pas du tout	not at all
papier (voir passer)		
Papineau (voir tête)		
paqueter*	truquer; tromper, rouler	to fix (a set up), to stack (cards), to pack (a meeting); to take in, trick
paqueter*	empaqueter, faire ses valises	to pack (package; suitcase)
paqueter ses petits*	se préparer à partir	to get ready to leave, get one's things together
paqueton (m)	havresac	knapsack, pack
par exprès*, par eksiprès*, par exiprès*	exprès	on purpose
par rapport que	parce que	because, 'cause
parade (f)	défilé	parade

Québec	France/Québec	
paré à*	prêt à	ready to
pareil comme toi*	pareil à toi, comme toi	just like you
Je t'aime pareil.	Je t'aime quand même.	I like you all the same.
pas parlable*	d'un abord difficile, grognon	s.o. you can't talk to (an impossible person)
parlage* (m), parlements* (m, pl)	bavardage	talking, gossip
Ça parle au diable! . . . au maudit, au saint-sacrement!	C'est extra, étonnant!	It's out of this world, amazing.
parler* (J'ai des affaires à parler avec elle.)	dire	to say (I've got some things to say to her.)
Ça te parle?*	Ça te dit?	Do you feel like doing sth?
Parle-moi-z-en pas!* Parle-m'en pas!*	Imagine donc!	Don't tell me! You're kidding!
entendre parler que*	entendre dire que	to hear that
parler comme du monde	parler comme tout le monde	to speak plain language, like everyone else
parler en termes	parler d'une manière affectée	to use high-class, artificial language
parlure (f)	façon de parler	speech ways, ways of talking
faire la passe	réussir un bon coup	to make a good deal
prendre la part de qn	prendre le parti de qn, se mouiller pour qn	to stick up for s.o., to take s.o.'s side
partable*	facile à enlever	easy to get off, to remove
C'est pas partable*.	On ne peut pas partir.	We can't leave.
partir	faire démarrer	to start (a motor)
partir à faire qch*	commencer à . . .	to start doing sth
partir qch*	lancer qch	to start sth (business, etc.)
parti pour la gloire	parti dans les nuages	in the clouds, up the walls

Québec	France/Québec	
Québec	**France/Québec**	
partout (voir tout)		
pas-bon, pas-bonne	bon à rien	good-for-nothing
pas-fin, pas-fine	pas gentil	not nice
serrer le passage des binnes, des toasts, à qn	frapper, rosser qn	to slug s.o.
passe* (f)	laissez-passer	pass, free ticket
passe (Il l'a, la passe.)	position privilégiée	privileged position
passer*	prêter	to lend
passer un papier (Je t'en passe un papier.)*	mettre qch par écrit; jurer de qch	to put sth in writing; to swear to sth (I swear to it.)
tout le pataclan	tout le bataclan	the whole shebang
être dans les patates	être dans l'erreur, *se gourer*	to be on the wrong track
patate chaude	une bombe, *question délicate, qu'on évite*	hot potato, hot issue
C'est un vrai pâté chinois*.	Il est bien embrouillé.	He's mixed up, going round in circles.
patente (f)	truc, machin, *bidule*	thing, whatchamacallit
toute la patente	tout le reste, *toute la boutique*	the whole shebang, all that jazz
patente à gosses	*moyen (ou chose) inefficace, primitif, à la mords-moi le noeud*	crazy, haywire way (or thing)
patenter*	arranger; inventer; bricoler	to fix up; to invent; to put together
patiner (sur qch)	tourner autour du pot	to skate around sth, to side-step sth
patiner	faire vite, *se magner*	to step on it, to hurry
accrocher ses patins	abandonner sa carrière; démissionner, dételer	to leave one's work; to quit one's job, to hang up one's skates
ne pas être vite sur ses patins*	être un peu lent, avoir la comprenette difficile	to be a bit slow (to understand)

Québec	France/Québec	
patois* (m)	tic verbal; mot de patois	speech habit; patois word, dialect word
patte molle	fainéant	lazybones
lever les pattes	mettre les voiles; casser sa pipe	to take off, scram; to kick the bucket
Tu vas payer pour!	Ça va te coûter cher!	You're gonna pay for it!
par la peau des dents	de justesse	by the skin of one's teeth, narrowly
mettre la pédale douce	y aller doucement	to soft-pedal
pédaler	se dépêcher, se grouiller	to hurry, rush, shake a leg
peigne*	pingre	stingy
pendrioche* (f)	pendeloque	pendant
Il se pense. Il se sent.	Il se pavane.	He thinks he's sth, hot stuff.
pepsi	rustre, cul-terreux	hick, peasant
perdre un pain de sa fournée, de sa cuite	être bien déçu	to be disappointed, have cold water thrown on oneself
son père*	mon père; mon mari	my father; the old man
pesant*	influent; lourd	heavy, influential; heavy
avoir le pesant*	faire un cauchemar	to have a nightmare
peser sur un piton*	appuyer sur un bouton	to press a button
pétage de bretelles (m)	le fait d'être fier de soi	strutting
pétasser*, petasser*	fendiller, craqueler	to crack, to split
pété (pèté)	extra; parti	great, tremendous; drunk, pissed, flying
péter la gueule à qn	casser la gueule à qn	to smash someone's face in
se péter les bretelles	être content de soi	to be pleased with oneself, to strut
péteux (de broue, de balloune), sac à pet (m)	vantard, crâneur	blowhard, bullshitter

Québec	France/Québec	
ramasser ses petits*	faire ses valises; ramasser ses affaires	to pack up; to get one's things together
conter des peurs*, raconter des peurs*	raconter des histoires	to tell tales
partir en peur	commencer avec éclat; s'énerver; prendre le mors aux dents	to start off with a bang; to get upset, nervous; to take the bit in one's teeth
avoir des peurs*, se faire des peurs*	avoir peur, avoir la frousse	to be afraid
piamme-piamme	piane-piane	very quietly, hush-hush
être à pic*	avoir les nerfs à vif	to be touchy, jumpy
pichenotte (f)	pichenette	flick (of the finger)
pichou	*terme d'affection*	term of affection
pichounette* (f)	petite fille taquine	tease (little girl)
picocher*	picorer	to pick, pick away
picosser qn	asticoter qn	to make a dig at s.o.
pieu* (m)	allumette de bois	wooden match
piger*	tirer au hasard	to draw (card, ticket, etc.)
pigrasser*, faire du pigras*	salir; patauger dans la boue; bousiller, faire un mauvais travail	to dirty; to splash in the mud; to bungle, botch
pilasser qch*	piétiner qch	to tramp sth down
pilée* (f)	pile	pile
piler*	empiler	to pile up
piler sur les pieds de qn*	marcher sur les pieds; déranger	to tramp on s.o.'s feet; to get in s.o.'s way
piloter qch*	piétiner qch	to tramp sth down
C'est une pinotte.	C'est rien du tout. C'est une babiole.	It's peanuts, nothing at all.
(Il se fâche) pour une pinotte.	. . . pour un rien.	(He gets angry) for no reason, at the drop of a hat.

Québec	France/Québec	
être toujours sur une pinotte	se démener comme un beau diable	to be always jumping up and down, making a commotion
rien que sur une pinotte	dare-dare	as quick as a flash
pipe (voir tirer)		
piquer un somme	*roupiller*	to doze, sleep, have a wink
piquer* à travers champs	couper à travers champs	to cut across a field
piquet (voir planter)		
pas pire*	pas mal	not bad
de pire en pire	de mal en pis	worse and worse
pis*	puis; et	then; and
pisseuse (f)	bonne soeur	penguin (nun)
pisseux*	lâche; dégonflé	chicken
pissou* (m)	lâche	coward, chicken
en pistolet	en rogne	hot under the collar
prendre la piste à pataud*	vouloir semer la confusion	to try to mix s.o. up
pit* (m)	sommet, *poulailler*; carrière	the bleachers; (sand) pit
(petit) pit (m)	chou	honey, sweetheart
pitcher*	jeter, foutre	to throw, chuck, pitch
piton* (m)	bouton	button, knob
être sur le piton*	être dispos	to be in good shape, in a good mood
pitonner*	jouer, appuyer (sur des boutons)	to play with buttons
ma pitoune	mon chou	my dear, sweetie
place (f)	endroit	place (apt., room, area)
placotage* (m), placote* (f)	*papotage*, bavardage	gossiping
placoter	*papoter*, bavarder; courailler; perdre son temps, flâner;	to gab, gossip; to run around; to waste one's

Québec	France/Québec	
	patauger dans la boue	time, goof off; to slop in the mud
placoteux*	bavard	gossipy
plain*, pléne*	ordinaire, nature	plain
en s'il vous plaît (C'est sérieux en s'il vous plaît.)	très, *vachement*	an awful lot (It's awfully serious.)
à planche	à toute vitesse, à fond de train; très bien	real fast, full out; just fine
planter qn	frapper, cogner qn	to plough s.o.
se planter*	y mettre du sien	to try hard, to give it one's all
planter le chêne*, le piquet*, le poireau*	*faire le poirier*	to stand on one's head
plate*, platte*	ennuyeux, *rasant*	dull, boring
C'est en plein ça.	C'est tout à fait ça.	You're right on.
en plein dedans	c'est bien ça	right on
à pleine tête	à tue-tête	at the top of one's lungs
pleumer*	plumer, écorcher; peler	to pluck, to skin; to strip (bark); to peel (skin)
se faire pleumer, plumer	se faire écorcher, se faire avoir	to get plucked, to be had
pleurable	triste à pleurer	really sad
pleurine, plorine (f)	*dégonflé*	scaredy-cat, chicken
Ça ne lui fait pas un pli (sur le nombril). Ça ne lui fait pas un pli ni une bosse, pas un pli sur la poche, pas un pli sur la différence.	Il s'en fout éperdument.	He doesn't give a hoot about that.
Il est ben plogue*.	. . . paresseux, *flemmard*; maladroit	He's lazy, always stuck in the same place. He's clumsy.
ploguer*; ploguer qn*	boucher; rouler qn	to plug up; to take advantage of s.o.

Québec	France/Québec	
plonge, plongée (f)	plongeon; baisse	dive; plunge (financial)
dans le plus (voir dans)		
se faire pocher*	se faire rouler	to get taken, tricked
être à la poche*	mendier	to beg
poche-molle (f)	paresseux, *flemmard*	lazybones
fou d'une poche	*archi-fou*; cinglé	off one's rocker
pocheton (m)	peureux, *froussard*	coward, scaredy-cat
pas pognable*	insaisissable	difficult to grasp
pognasser, poignasser	tripoter	to meddle with sth, to paw s.o.
Pogne pas les nerfs*!	Du calme!	Calm down!
pogne* (f)	piège, ruse	trap, trick
pogner*, poigner*	attraper, pincer, prendre; piger; émouvoir; réussir	to catch, grab; to understand, get; to get to s.o.; to be successful
se pogner*	se disputer	to have a fight, a quarrel
se pogner le cul	paresser, *tirer au cul*	to lay around, sit on one's ass
On est pogné.	On est complexé. On est pris.	We are uptight, hung up. We're stuck.
poigner (voir pogner)		
se pogner après qch*	se tenir à, se cramponner à qch	to hang on to sth, grab on to sth
flatter qn dans le sens du poil	flatter qn selon son humeur, amadouer qn	to butter s.o. up
pousser des pointes à qn, pointer qn	insulter, asticoter qn	to make digs at s.o.
poireau (voir planter)		
une poisonne	une poison	a bitchy woman
poisson (m)	poire, dupe	sucker, fool

Québec	France/Québec	
se pomper*	s'exciter	to get worked up
popa, poupa, pa, pépa (m)	papa	dad, pops, daddy
poqué	abattu, *claqué*	worn-out, wiped
C'est tout poqué.	C'est tout abîmé, amoché.	It's all wrecked.
se faire poquer	se faire rosser, recevoir des coups	to get beaten up, clobbered
poque* (f)	coup; marque	punch, blow; mark, dent (on car, etc.)
porte-panier*, porte-paquet*, porte-panière* (f)	rapporteur, cafard	tattletale
portrait* (m), pose* (f)	photographie	picture, snap
portrait (voir tirer)		
poser* qn, qch	photographier . . .	to take a picture of s.o. or sth
se faire poser*	se faire photographier	to pose for a picture, to get one's picture taken
possiblement*	peut-être	possibly
posteur*, poster* (m)	affiche	poster
faire le pot (potte)*	faire la moue	to pout
poupoune	*terme d'affection*	term of endearment (for a little girl)
se poursailler*, se poussailler*	se bousculer	to push, to jostle (each other)
Pousse, mais pousse égal!	Tu parles!	Tell me another one!
se pousser*	se tirer	to take off, go away
C'est de la poutine!*	C'est de la foutaise!	It's a lot of nonsense.
C'est la même poutine!*	C'est la même affaire!	It's the same thing!
pratiquer* (son français, etc.)	s'exercer (à parler français, etc.)	to practise (one's French, etc.)
pratique* (f)	exercice	practice

Québec	France/Québec	
se pratiquer	s'entraîner	to practise
Première classe!	C'est parfait!	That's fine! Swell, terrific!
Ça me prendra (deux piasses*, etc.)	Il me faudra . . .	I'll need (two dollars, etc.)
Ça prend (un professeur, etc.) pour faire ça.	Ça ne m'étonne pas (d'un professeur, etc.).	It takes (a teacher, etc.) to do that.
prendre pour, contre (le Canadien, etc.)	prendre parti pour, contre . . .	to cheer for, against (the Canadiens, etc.)
se prendre comme un pain, se prendre en pain*	s'entasser, se pelotonner	to bunch up, to be squeezed together
presquement*	presque	almost
Il n'y a pas de presse.	Il n'y a rien d'urgent.	There's no rush.
prime	susceptible, chatouilleux, impulsif; aiguisé; qui prend feu facilement	touchy, impulsive; sharp; that which catches fire easily
mal pris	dans de beaux draps	in bad shape, in a bad way, in trouble, up a tree
prospect* (m)	client possible; espérance	prospect
punch* (m)	*partie essentielle d'une blague*	*punch line*
pus* (Il l'aime pus.)	plus	more (He doesn't love her anymore.)
quand que*	quand	when
quand c'est que* . . .?	quand . . .?	when . . .?
quant à faire	quant à ça	as far as that goes
quant et lui*	en même temps que lui, avec lui	at the same time as him, with him
se faire passer un québec	se faire monter un bateau	to get one's leg pulled, to be sold a bum steer
québécisme (m)	*fait de langue propre au français parlé au Québec*	Quebecism, Quebec word or expression

Québec	France/Québec	
Il neigeait quelque chose de rare.	. . . c'était terrible.	Was it ever snowing. It was snowing something awful.
à quelque part, en quelque part	quelque part	somewhere
quérir (prononcez cri: Va queri (cri) le papier*!)	Va chercher le journal!	Go get the paper!
quétaine (voir kétaine)		
quêteux* (m)	mendiant	beggar
Quiens!	Tiens! Sans blague!	No kidding! You don't say! You're jokin'.
quitter* (Quitte ça là! Il quitte ce soir.)	laisser; partir (Laisse ça là! Il part ce soir.)	to leave, let; to leave (Leave it there! He leaves tonight.)
(faire, etc.) de quoi*	(faire, etc.) quelque chose	(to do, etc.) something
C'est bien en quoi*.	À plus forte raison!	All the more reason (to do sth)
Ça fait de quoi*!	C'est dommage!	That's too bad!
de quoi* (Ça sert à de quoi. Enfin, nous avons de quoi à nous autres. Si ça arrive de quoi . . .)	quelque chose	something (That's good for something. At last we've got sth for ourselves. If sth happens, . . .)

R

raboter	rabâcher; bousiller	to harp; to botch
raboudiner	bâcler	to botch up
se raboudiner*	se recroqueviller; se ratatiner	to curl up, to shrink; to wrinkle
râcler*	râteler; battre	to rake; to beat up
rack*, raque* (m)	porte-(quelque chose), support, *galerie*	rack
se racoutiller*, se racoquiller*, se racotiller*	se recroqueviller	to curl up (in bed, etc.)
radoub*, radouage* (m)	réparation	repairing, major repairs

Québec	France/Québec	
radouber*, radouer*	rafistoler, *retaper*	to repair, to fix up
de tout son raide*	de toutes ses forces	full out; with all one's strength
(bien) raide (il est gros raide)	énormément, *vachement*	a hell of a lot (he's really fat)
raidement*	très	really, very
railer*	rayer	to scratch
ramancher (voir amancher)		
rapaillages* (m, pl)	restes; ramassis	leftovers; pile, bunch
rapailler*	ramasser; rassembler	to pick up, to gather; to round up
raplomber*	remettre d'aplomb	to straighten up
se raplomber*	*se tirer de problèmes financiers*; retrouver son équilibre	to pull oneself up (financially); to pull oneself together
(par) rapport que	parce que	'cause, since
rapporté*	étranger; postiche	foreigner; false (hair, etc.)
rare (un hiver froid rare)	exceptionnellement	really (a really cold winter)
à ras de*	près de	near, right next to
raser (de) faire qch	faillir faire qch	to almost do sth
se rassir*	se rasseoir	to sit down again
ratatouille* (f)	fripouille	rascal
ratoureur*, ratoureux*	joueur de tours, espiègle; rusé	trickster, brat; tricky
ravalé*	éculé	worn out at the heel (shoe, sock)
faire le ravaud, du ravaud, du raveau	faire du bruit, *du pétard, du sabbat*	to make a racket
ravauder*	rôder, passer et repasser; faire du tapage	to wander about, prowl; to make a racket
raver*	rester longtemps, moisir	to rot away in a place

Québec	France/Québec	
se rebicheter*	se rebiffer	to put up a fight, a struggle, to resist
recevant*	hospitalier	hospitable
rechigner	pleurnicher, chialer	to whine
rechigneux	pleurnichard, chialeur	whining
redoutance (voir doutance)		
redressir*	redresser	to straighten out
C'est pas regardable*.	Ce n'est pas beau à voir.	It's not much to look at.
regardant, e	tâtillon	finicky
regarder bien*, mal*	paraître . . .	to look good, bad
regricher*	bouder; grincher; se redresser	to sulk; to grind (teeth); to stand on end (hair)
réguine*, riguine* (f)	attirail	equipment, gear
passer des remarques	faire des remarques	to make remarks
rembarrer*	enfermer	to lock up
rempirer*, rempironner*	empirer	to get worse
renforcir*	renforcer	to strengthen, reinforce
renipper*	arranger, rafistoler	to fix (up)
renoter	rabâcher	to harp (on the same string); to rehash
renoteux*	rabâcheur	s.o. who keeps repeating himself
requien-ben*, requinben* (m)	retenue	reserve, self-control
ressorer*	sécher	to dry (up)
ressoudre*, ressourdre*,	jaillir; arriver	to squirt; to arrive, turn up
restant (m)	vaurien	good-for-nothing
rester (à la campagne, etc.)	habiter	to live (in the country, etc.)
se faire retaper	se faire rouler	to be had, taken in

Québec	France/Québec	
retiré*	pâle, blême	pale, white
retontir*	rebondir; reparaître; retentir	to bounce; to turn up; to ring, echo
retournable*	qu'on peut retourner	returnable (merchandise)
Il s'est fait retrousser*.	Il s'est fait remettre à sa place.	He got put in his place.
revirer*	détourner; tourner; faire changer d'opinion; retourner; retrousser; bouleverser; chavirer	to turn inside out, over; to turn; to change s.o.'s mind, to convert, to brainwash; to return; to roll up (one's sleeves); to upset; to turn over (a car, etc.)
revoler*	gicler; être projeté; rebondir	to spurt up; to go head over heels, to be sent flying; to bounce
en avoir pris pour son rhume	avoir essuyé un refus, *en avoir pour son grade*	to have got a no
rideaux (voir grimper)		
Y a rien là*!	C'est rien.	There's nothing to it. That's not up to much.
rimette* (f)	rime	rhyme
rince (f)	rincée	beating, licking
Il est beau, pas pour rire. Ça va mal en pas pour rire.	Il est beau, c'est incroyable. *Ça va vachement mal.*	He's good-looking, no buts about it. Things are really going bad.
entendre à rire	bien prendre une plaisanterie	to take a joke
entendre la risée*	avoir le sens de l'humour	to have a good sense of humour
un rôdeux, une rôdeuse de . . .	un sacré bon . . .	a damn good . . .
roffe*, rough*	brutal, grossier, pénible	rough
roffement*	rudement, grossièrement, dur	roughly, coarsely
Roger-bon-temps (m)	gaillard	good-time Charley

Québec	France/Québec	
rogne	salaud; méprisable, avare	bastard, s.o.b.; despicable, greedy
tomber sur les rognons*	tomber sur les nerfs	to get on s.o.'s nerves
Ça ronne*	Ça marche.	It's going good. It's working well.
ronner*	diriger, mener	to run (sth)
rouleuse (f)	*cousue (-main)*	hand-rolled cigarette, rollie

S

en avoir plein le (son) sac	en avoir plein le dos	to have it up to here
mettre qn dans le sac	rouler qn	to cheat s.o., to put sth over on s.o.
sac à pet (voir péteux)		
sacre (m)	juron, gros mot	swearword
être en sacre*	être en colère, en rogne	to be angry, mad
sacrer, saprer	jurer; foutre (lancer, faire)	to swear, curse; to throw, chuck; to do, be up to
Qu'est-ce que ça peut te sacrer?	. . . foutre?	What the hell is it to you?
sacreur (m)	blasphémateur grossier	foul-mouthed person
sacrant*	fâcheux	annoying
sacrer son camp	foutre le camp	to take off, bugger off
sacrer qn dehors	foutre qn à la porte	to kick s.o. out
sacrer* un coup de poing à qn, saprer* un coup de poing à qn	foutre un coup de poing à qn	to give s.o. a punch
Je m'en sacre.	Je m'en fous.	I don't give a damn.
safe*, séfe*	sûr	safe
safe*, saffe*, safre*	avare, chiche; glouton	stingy, greedy; glutton
salopin (m)	enfant malpropre	dirty kid

Québec	France/Québec	
sans-dessein (m), sans-dessine (f)	crétin; *godiche*	nut, fool; clumsy, spastic
sans-génie (m)	qn qui est assommant; faible d'esprit	a bug, nuisance; weak-minded person
saper	laper	to slurp
se faire passer un sapin*	se faire rouler	to be had
sapré (voir cré)		
se saucer le canadien*	se mouiller	to get wet, soaked
sauté	dérangé	nuts, deranged
partir en sauvage*	filer à l'anglaise	to go away without saying goodbye
scéner*, seiner*	être collant, profiter des autres; racoler; épier; fureter	to cling, to be possessive, to feed on s.o.; to solicit, walk the streets (prostitute); to spy; to pry
se faire secouer la salade	se faire rudoyer, être sur des charbons ardents	to get shaken up, pushed around, to be in a stew
sécuritaire	*relatif à la sécurité* (maison, auto, etc.)	safe
seiner (voir scéner)		
Il y a semblance de beau temps pour demain.	Le temps s'annonce beau . . .	It looks like good weather for tomorrow.
avoir du bon sens* (prononcez "bon sang")	être convenable; avoir du sens	to be okay (road, person, etc.); make sense
sans bon sens (prononcez "bon sang")	à l'excès, trop; beaucoup, *vachement*	too much; a lot
saprer (voir sacrer)		
senteux* (m)	fouinard	nosy person
sent-la-marde	emmerdant, emmerdeur; lâche, *couille molle*	pain-in-the-ass; chicken, coward, gutless
se sentir (voir se penser)		

Québec	France/Québec	
sentir chez le voisin*	espionner . . .	to sneak, to spy on the neighbours
Il s'est fait serrer*.	On lui a posé des questions difficiles.	He was given a rough time.
serrer	ranger	to put away, hang up
C'est à la serre.	C'est serré.	It's a tight fit.
serviable	utilisable	usable
ne pas être serviable	être maladroit; ne jamais écouter	to be clumsy; to never listen
set*(m)	mobilier, série, jeu, etc.	set (of anything)
seulement que*	seulement	only
en seulement*	seulement	only, just
shot*(m, f)	coup, gorgée (d'alcool); bout de temps; blague qui insulte qn	shot (of alcohol); spell (of time); joke, dig
d'un(e) shot*	d'un seul coup	in one go
toute une shot*	beaucoup, *vachement*	a lot
Qu'il mange un siau.	Il peut aller se faire foutre.	He can get stuffed.
sigailler (voir zigailler), sigonner (voir zigailler)		
silage*(m)	bourdonnement	buzzing, whistling or ringing sound
siler*, ciler*	pleurnicher; siffler, tinter, bourdonner	to whine; to buzz, hum, whirr
slack*, slaque*	détendu; permissif	loose, slack; permissive
slack*, slaque*, (m) (donner du slaque, du slack)	mou (détendre, donner du mou)	slack, play
smart*, smatte (f, m)	vantard	show-off
smart*, smatte*	*sympa*, intelligent	nice, kind; smart
snoreau (m), snoraude (f)	enfant espiègle; homme rusé	brat, smart aleck; crafty man, whiz

Québec	**France/Québec**	
soie (f)	personne aimable	a real angel
Y a pas de soin*, pas de soins*.	Ne t'en fais pas! C'est certain.	Don't worry. That's for sure.
soincer, souincer	réprimander, engueuler	to bawl out
pas sortable*	impossible (temps, personne, etc.)	(weather, person etc.) bad, impossible
sorteux*	qui aime sortir	s.o. who loves going out (on the town)
souigner*, swinger*	foutre, lancer; balancer	to throw, sling; to swing
souitche*, switch* (f)	changement de camp; interrupteur	transfer, switch; light switch
souitcher*, switcher*	transférer, changer de côté; allumer, fermer (lumière)	to transfer, switch
être rentré dans la soupane jusqu'aux oreilles*	être dans un beau pétrin	to be in a mess; to be in over one's head
La soupe est (trop) chaude.	C'est un sale pétrin.	It's a tight spot, a real jam.
sparages* (m, pl)	gestes, gesticulations; vantardise	talking with one's hands; gestures; showing off
se faire donner un speech*	recevoir une semonce	to get a real talking to
de spère*, de spare*	de reste, de rechange	spare
sport	généreux	generous, a real sport
stag*, stague*, staille* (m)	adolescent, jouvenceau	teenager
steady*	régulier	steady (job, girlfriend, etc.)
stime* (f)	vapeur	steam
stoffe*, stuff* (m)	étoffe; matériel, réserve; drogue	stuff (material, drug, etc.)
stone, stoned	drogué, défoncé	stoned
straight*	pas dans le vent	straight, square
strappe* (f)	lanière, courroie	strap
strapper*	battre; attacher (avec une courroie)	to strap; to strap up

Québec	France/Québec	
stuff (voir stoffe)		
su*, sus* (sus son père)	chez	at (his father's place)
suce (f)	sucette	(baby's) pacifier
en manger une sucrée	recevoir une raclée	to get beaten up, to get it
suiveux	qui suit tout le monde	sheep, follower
support* (m)	appui	support
supposé* (de)	censé	supposed to
swinger (voir souigner)		
switch (voir souitche)		

T

connaître le tabac	ne pas être né d'hier	to have been around, to know the ropes
tablette* (f)	rayon, étagère	shelf (for books, bottles, etc.)
mettre qch sur les tablettes	mettre qch au rancart	to put sth on the shelf, on hold
talle (voir ôter)		
talle* (f)	touffe (d'arbres); affaires, possessions; grappe, groupe; bon endroit (où l'on a ce qu'on veut)	cluster (of trees); goods, belongings; bunch, group; a good spot, place
être dans une hostie de belle talle	être dans le pétrin	to be in a hell of a fix
tannant*	fatigant; bruyant	tiring, tedious; rambunctious
un tannant de bel habit	un très beau, sacré beau costume	a hell of a nice suit
Je suis tanné.	J'en ai marre.	I'm fed up. I've had enough.
tanner*	fatiguer, claquer	to tire
se tanner de qch	en avoir marre de qch	to get fed up with sth

Québec	France/Québec	
un autre tantôt*	une autre fois, un autre moment	another time
à tantôt	à tout à l'heure	see you later
tapocher*	donner des tapes	to tap (s.o.)
taponner	tripoter; friper	to play around, fiddle with sth; to crumple
tapoter*	tripoter	to play with, touch sth
tarlas, tarlais (m)	niais	idiot, dummy
t'as qu'à voir	il n'y a pas à dire	there's no two ways about it
tasser*	déplacer; ranger	to move over; to put away
se tasser	se serrer, se rapprocher	to move over, shift
tata	*au revoir (langage des enfants)*	bye-bye (for children)
tata, tatais, tétais (m)	efféminé; niais	sissy; idiot
tataouinage (m)	hésitation, tergiversation	horsing around; beating around the bush
tataouiner	hésiter, jouer avec qch; gaspiller son temps	to fool around, play around; to waste one's time, horse around
taton, toton (m)	niais	nut, idiot
taupin (m)	homme fort et trapu, armoire	strong man, gorilla
tchéquer (voir checker)		
tchomme (voir chum)		
Ça me tente de faire qch.	Ça me chante . . . Ça me dit . . .	I feel like doing sth.
à terre	à plat, abîmé	down and out, ruined; dead (battery)
être à terre de rire	mourir de rire	to nearly die laughing
tête d'eau	idiot	blockhead, stooge

Québec	France/Québec	
Ce n'est pas la tête à Papineau.	Il n'est pas très intelligent.	He's a real dope. He's no Einstein.
téteux (m)	lèche-cul	suck
téton (m)	four, navet	flop (play, etc.)
Il est ben Thomas. C'est un Saint-Thomas.	Il est très méfiant.	He's a doubting Thomas.
Ti-Cul* (m)	bout d'homme; vaurien	peewee, squirt; good-for-nothing
L'affaire est tiguedou*, tiguidou*.	C'est réglé.	Everything is all right.
Tiguidou!	Salut!	Bye! Toodaloo!
Ti-(gars, etc.)*	petit	little, young (used with names)
Ti-Pit (m)*	mon vieux	old man (term of affection)
timing* (m)	réglage; rythme	timing
tirer*	lancer	to throw (stones, etc.)
tirer la pipe à qn	agacer qn	to ride s.o.
se tirer le (un) portrait*	se faire photographier	to have one's picture taken
en titi*	en colère; beaucoup	angry; a lot
toasts (voir passage)		
tocson*, tocsonne*	entêté; paysan	stubborn person; farmer, hick
toé*	toi	you
mon toé-là*	vieux coquin	you little son of a gun
toffer*, tuffer* qch	endurer qch, tenir bon	to put up with sth, to stick sth out
toffe*, tuff*	dur, difficile, peu commode	tough
faire (de) la toile*	avoir une faiblesse	to feel faint
tomber sur la tomate de qn*	taper sur les nerfs de qn	to get on s.o.'s nerves
top* (m)	sommet, dessus	top

Québec	France/Québec	
C'est le top!	C'est le bouquet!	That's the last straw!
toquer*	bousculer	to bump against, push around
se toquer*	s'entêter	to be stubborn
tordage de bras*	acte de faire pression	twisting s.o.'s arm, putting pressure on s.o.
tortillon* (m)	agité, nerveux	nervous, jittery, jumpy person
toton (voir taton)		
touche (f) (tirer, fumer une touche)	bouffée	drag, puff (to have a drag)
tour* (m) (trouver le tour de faire qch)	moyen	way (to find the way to do sth)
avoir le tour	savoir s'y prendre, *avoir le coup*	to know how, to have the knack
tourlou	salut, ciao	bye, toodaloo
tourner	devenir cinglé	to go crazy, nuts
tourniquette* (m)	remous; saut	swirl, swish; jump
en tout et partout	en tout et pour tout	all over the place
tout partout	partout	all over the place
toutoune (f)	*terme d'affection*	term of endearment (for a little girl)
toutte*	tout	everything
tout-suite*, tu-suite*	tout de suite	right away
track (voir traque)		
traînerie* (f)	objet laissé à la traîne	mess, thing left lying around
être traîneux*	être négligent	to be sloppy, messy
se fermer la trappe	fermer sa gueule	to shut one's trap
être du mauvais côté de la traque	dérailler, se tromper	to be off the track

Québec	France/Québec	
se remettre sur ses traques	se reprendre, se mettre du bon côté	to get back on the (right) track
travée (f)	trace	streak, track (water, paint, etc.)
d'un travers à l'autre	de part en part	right through
avoir la tremblette	avoir la tremblotte	to have the shakes
trempe	mouillé, trempé	wet, damp
tricoller*	tituber; zigzaguer	to stumble; to zigzag
trimer qn*	rosser qn	to beat s.o. up
tripper*	s'emballer, faire un "voyage," planer	to trip on sth
trippant*	extra, le pied	far out
trompe (f)	erreur, gaffe	mistake, boo-boo
être sur la trotte	courir à gauche et à droite	to gad about
trotteux, euse	coureur	gadabout
trou de cul (m)	incompétent	ass-hole, incompetent person
trouble* (m)	difficulté, ennui; grabuge	trouble
avoir du trouble à finir*	avoir du mal à . . .	to have trouble finishing
être dans le trouble*	être en difficulté	to be in trouble
truie (f)	salope	dirty pig (woman)
trustable*	à qui l'on peut se fier	trustworthy
trustard* (m)	monopolisateur	hog
truster qn*	avoir confiance en qn	to trust s.o.
t'sais, tsé*	tu sais	you know
tu: Il travaille-tu?, etc.*	Il travaille?	Is he working? etc.
tu: L'eau est-tu chaude*! etc.	Qu'est-ce que l'eau est chaude!	Is the water ever hot! etc.
Tenez bien vos tuques!	Tenez-vous bien!	Hold on to your hat!

Québec	France/Québec	
se mettre en tuyau de poêle	piquer une colère	to get hot under the collar
avoir la twist (touisse)*	savoir s'y prendre	to have the knack
jouer une twist (touisse)*	jouer un tour	to play a joke (on s.o.)

V

Québec	France/Québec	
vacher	paresser, *flemmarder*	to be lazy, loaf around
C'est de valeur.	C'est dommage.	It's a shame, too bad.
varger	frapper fort, rosser	to hit hard, to wham
C'est pas vargeux.	C'est pas fameux.	It's not up to much. It's no great shakes.
varnousser*, vernousser*	fureter; fainéanter	to nose about; to loaf around
vaseux*, vasant*	verbeux	long-winded (speaker)
velimeux*	venimeux; rusé	nasty, rotten; crafty
en velimeux*	beaucoup, très; en rogne	a lot; in a huff
faire un (petit) velours à qn*	faire plaisir à qn	to be nice, sweet to s.o.
venir, s'en venir*	devenir	to get, become
verrat*, verrasse*	malin, maligne	sly
en verrat*	très, beaucoup; en rogne	a lot; in a huff
Viens-t'en!	Viens ici! Amène-toi!	Come here! Come on!
Je m'en viens.	J'arrive.	I'm coming.
Il vient qu'il veut plus manger.*	Il lui arrive de ne plus vouloir manger.	He gets so he doesn't want to eat any more.
virailler*	lambiner, musarder; tourner de-ci de-là	to dawdle; to turn from one side to another, to fidget
Ça vire mal, bien*.	Ça marche mal, bien.	It's turning out bad, good.
virer*, revirer*	tourner; retourner	to turn out; to turn inside out
virer (fou*, etc.)	devenir (fou, etc.)	to go (crazy, etc.)

Québec	France/Québec	
avoir du visou*	avoir l'oeil juste	to have a good eye, to be a dead eye
vite sur ses patins*	débrouillard	efficient and resourceful
laisser qch à la voirie	laisser traîner qch	to leave sth lying around, to dump sth
J'ai mon voyage.	Je n'en reviens pas. J'aurai tout vu. J'en ai assez.	I can't get over it. Now, I've seen everything. I've had it.
voyagements* (m, pl)	allées et venues	comings and goings, running about
Voyons donc!	Voyons!	Come on!

W

watcher*	surveiller, regarder, zieuter	to watch, ogle
Watche-toi!*	Attention! *Fais gaffe!*	Watch out!
Wô!	Arrêtez!	Whoa!

Y

yeule* (f)	gueule	kisser, mug

Z

zarzais*, zazais* (m)	nigaud	imbecile
zigailler*, cigailler*, cigonner*, cisailler*, sigonner*, sigailler*	*couper en déchiquetant; couper maladroitement, coupailler; tirer fortement sur le mors*	to cut up into pieces; to cut sth poorly; to pull hard on the bit
zigonner	tirailler; *déconner*; travailler inefficacement	to tug, play with, jiggle; to horse around; to work inefficiently
zigoune (f)	sèche; *cousue-main*	cigarette, fag; rollie
zou* (m)	zoo	zoo
zoune (m, f)	*sorte de sobriquet*	a nickname

Grammaire

Suivent les principaux points de grammaire qui distinguent le français québécois familier du français standard d'Europe. La majorité des caractéristiques suivantes se retrouvent également en français familier de France.

Genre

a.   La distinction masculin/féminin s'applique aux mots empruntés à l'anglais, dont la moitié prennent le genre féminin: *job, shop, joke* (f); *slaque, fonne, tire* (m). C'est là une situation très différente de celle qui existe en France, où les anglicismes récents sont généralement au masculin.

b.   On remarque des différences de genre par rapport au français standard: affaire (m); air, ouvrage (f). Ce phénomène s'applique surtout aux noms commençant par une voyelle.

c.   Le genre aide parfois à faire des distinctions inconnues en français de France: *J'ai acheté un radio; je l'ai entendu à la radio.*

d.   La distinction du genre peut se perdre dans certains cas. On entend parfois *c'te garçon-là, c'femme-là, ce/cette* étant en variation libre.

e.   *Elles* se dit rarement: *Y (Ils) sont bonnes, les pommes, astheure.*

f.   La création officielle de noms féminins est plus répandue au Québec qu'en France: *agente de voyage, agricultrice, auteure, caporale, cardiologue, chauffeuse, chef, chercheuse, docteure, générale (armée), ingénieure, jurée, lieutenante, mairesse, metteure en scène, ministre, notaire, officière, pilote, policière, réviseure, sénatrice, sergente, soldate, superviseure.*

g.   *Il* et *ils* se prononcent et s'écrivent *I* ou *Y*: *I aime pas ça.*

h.   *Elle* et *elles* se prononcent et s'écrivent *A*: *A veut pas manger.*

i.   *Ils* ou *I* remplacent *On*: *I disent que le temps sera beau.*

Nombre

a.   Certains mots, singuliers par leur forme, exigent le pluriel: *Le monde sont drôles.*

Pronoms

a. Les formes *nous autres, vous autres, eux autres* remplacent *nous, vous, eux*, sauf après chez *(chez nous, vous, eux)*, et quand il s'agit du *vous* au singulier.

b. *On* remplace presque toujours *nous* sujet: *On a fait ça nous autres mêmes.*

c. *Y* s'emploie à la place de *lui* devant le verbe: *J'y ai donné ça.*

d. *Leur* a les formes *leu* ou *leus*: *J'leus ai donné ça.*

e. Le pronom *en* a les formes n' (= *n* double) entre voyelles et la forme *n'en* après voyelle et devant consonne:
> De l'argent, j'en ai.
> On n'a (= On en a.)
> Vous n'en voulez? (= Vous en voulez?)

f. Les pronoms objets suivent le verbe à l'impératif, même au négatif:
> *Dis-moi pas.*
> *Vas-y pas.*

Verbes

a. Plusieurs formes de certains verbes diffèrent par rapport au français standard:
> j'*sus* (= je suis)
> je m'en *vas* (= vais)
> il faut qu'il s'en *alle* (= aille)
> qu'est-ce qu'il faut que je *faise* (= fasse)
> il a *répond* (= répondu)
> ils *voyent* (= voient)
> il faut qu'il *voye* (= voie)
> ils *jousent* (= jouent)
> il faut que tu *jouses* (= joues)
> etc.

b. Le futur affirmatif tend à être remplacé par *aller* + infinitif:
> *ils vont venir l'année prochaine*

À la première personne, on entend *m'as*:
> *m'as te faire ça*

Le futur est conservé cependant au négatif:
> *m'as y aller oubedonc j'irai pas*

c. Le passé du futur est indiqué par *pour* + infinitif:
> *il m'a dit qu'il était pour partir*

d.   Une action continue est indiquée par *après* + infinitif:
     il était après travailler quand on est arrivés

Interrogation

a.   Un trait frappant est l'emploi de la particule *tu*, pour faire une interrogation
     directe à laquelle on répond par *oui* ou *non*. Le *tu* suit immédiatement le
     verbe, et s'emploie à toutes les personnes sauf *vous*.
     Je fais-tu comme il faut?
     Tu t'en viens-tu?
     Il connaît-tu ce monde-là?
     On y va-tu?
     Ils travaillent-tu demain?

b.   Les formes des questions indirectes ont tendance à s'aligner sur celles des
     questions directes:
     Directe: *Où (est-) ce qu'ils vont?*
     Indirecte: *Je sais pas où (est-) ce qu'ils vont. (ousqu'ils)*
     Directe: *Qu'est-ce qu'il faut?*
     Indirecte: *Je sais pas qu'est-ce qu'il faut.*

Relatifs

a.   Le *que* devient le relatif passe-partout:
     La chose que j'ai (de) besoin.
     La fille que je sors avec.

Négation

a.   Le *ne* ne s'entend presque jamais. *Pas* s'emploie avec d'autres négatifs,
     sans changer le sens de la phrase.
     Je le sais pas.
     Il y a pas personne.
     J'en ai pas pantoute.

b.   Le verbe s'emploie au négatif après un superlatif:
     C'est la meilleure game que j'ai pas vue.
     C'est le gars le plus intelligent que je connais pas.

Phrases conditionnelles

a.   On remarque l'emploi de l'infinitif:
     Avoir su ça, je serais pas venu. (= si j'avais su ça)

Segmentation

a. Les anticipants s'emploient régulièrement:
>   *Je le sais que t'es fatigué.*
>   *Il aime ça venir nous voir.*

b. Les mots négatifs comme sujet sont présentés par *Il y a . . .* ou *c'est . . .*
>   *Il y a rien qui le bat.*
>   *Il y a (pas) personne qui est venu.*
>   *C'est pas tout le monde qui fait ça.*

Formation des mots

a. Les suffixes *-age, -eux, -ant, -able* permettent de créer une foule de mots inconnus en français d'Europe:
>   *bûchage, embrassage, garrochage, payage, paquetage*
>   *chevreux, critiqueux, écriveux, écureux, faiseux, quêteux, sueux*
>   *dérangeant, mêlant, recevant*
>   *comprenable, conduisable, descendable, marchable, parlable, pognable*

Grammar

The following are the main grammatical points that distinguish colloquial Quebec French from standard European French. Many of these characteristics are also found in colloquial European French.

Gender

a. The masculine/feminine distinction applies to words borrowed from English, of which half are feminine: *job, joke, shop* (f); *fonne, slaque, tire* (m). This is very different from the situation in France, where recent anglicisms are generally masculine.

b. There are differences in gender from standard French: *affaire* (m); *air, ouvrage* (f). This applies particularly to nouns beginning with a vowel.

c. Gender is used to make distinctions unknown in standard French: *J'ai acheté un radio; je l'ai entendu à la radio.*

d. At times, gender distinctions may be lost, as in the demonstrative adjective: *c'te garçon-là, c'femme-là. Ce/cette* are thus in free variation.

e. *Elles* is heard rarely: *Y, I (Ils) sont bonnes, les pommes, astheure.*

f. The creation of feminine nouns is more prevalent in Quebec than in France: *agente de voyage, agricultrice, auteure, caporale, cardiologue, chauffeuse, chef, chercheuse, docteure, générale (armée), ingénieure, jurée, lieutenante, mairesse, metteure en scène, ministre, notaire, officière, pilote, policière, réviseure, sénatrice, sergente, soldate, superviseure.*

g. *Il* and *ils* are pronounced and written *I* or *Y*: *I aime pas ça.*

h. *Elle* and *elles* are pronounced and written *A*: *A veut pas manger.*

i. *Ils* or *I* replace *On*: *I disent que le temps sera beau.*

Number

Certain nouns that are singular in form are actually plural: *Le monde sont drôles.*

Pronouns

a. *Nous autres, vous autres, eux autres* are used instead of *nous, vous, eux*, except after the preposition *chez*, and when *vous* is singular.

b. *On* replaces *nous* as subject: *On a fait ça nous autres mêmes.*

c. *Y* is used instead of *lui* as pronoun object: *J'y ai donné ça.*

d. *Leu* or *leus* replace *leur. J'leus ai donné ça.*

e. The pronoun *en* has two other forms, *n'* (double *n*) between vowels, and *n'en* after a vowel and before a consonant:
    De l'argent, j'en ai.
    On n'a. (= On en a.)
    Vous n'en voulez? (= Vous en voulez?)

f. Pronoun objects follow the verb in the imperative, even when negative.
    Dis-moi pas.
    Vas-y pas.

Verbs

a. Several verb forms differ from standard French:
    j'*sus* (= je suis)
    je m'en *vas* (= vais)
    il faut qu'il s'en *alle* (= aille)
    qu'est-ce qu'il faut que je *faise* (= fasse)
    il a *répond* (= répondu)
    ils *voyent* (= voient)
    il faut qu'il *voye* (= voie)
    ils *jousent* (= jouent)
    il faut que tu *jouses* (= joues)
    etc.

b. The future is usually expressed by *aller* + infinitive:
    Ils vont venir l'année prochaine.

    In the first person, *m'as* is often used:
    M'as te faire ça.

    The simple future is retained, however, when negative:
    M'as y aller oubedonc j'irai pas.

c. The past of the future is indicated by *pour* + infinitive:
    Il m'a dit qu'il était pour partir.

d. Continuous action is indicated by *après* + infinitive:
    Il était après travailler quand on est arrivés.

Questions

a. Particularly noteworthy is the use of the interrogative particle *tu* for direct questions calling for a yes or no answer. The particle *tu* comes right after the verb, and is used with all persons except *vous*:

> *Je fais-tu comme il faut?*
> *Tu t'en viens-tu?*
> *Il connaît-tu ce monde-là?*
> *On y va-tu?*
> *Ils travaillent-tu demain?*

b. Indirect questions usually have the same question word or form as the direct:

> Direct: *Où (est-) ce qu'ils vont?*
> Indirect: *Je sais pas où (est-) ce qu'ils vont. (ousqu'ils)*
> Direct: *Qu'est-ce qu'il faut?*
> Indirect: *Je sais pas qu'est-ce qu'il faut.*

Relative Pronouns

The pronoun *que* is used in almost all cases:

> *La chose que j'ai (de) besoin.*
> *La fille que je sors avec.*

Negation

a. *Ne* is rarely used. *Pas* is used with other negative words, without change in meaning:

> *Je le sais pas.*
> *Il y a pas personne.*
> *J'en ai pas pantoute.*

b. The verb is used in the negative after a superlative:

> *C'est la meilleure game que j'ai pas vue.*
> *C'est le gars le plus intelligent que je connais pas.*

Conditional Sentences

The infinitive can replace the *si*-clause:

> *Avoir su ça, je serais pas venu.* (= si j'avais su ça)

Segmentation

a. A noun clause or infinitive construction is often anticipated by *le* or *ça*:

> *Je le sais que t'es fatigué.*
> *Il aime ça venir nous voir.*

b. Negative words when they are the subject of the sentence are introduced by *Il y a . . .* or *C'est . . .*

> *Il y a rien qui se passe.*

Il y a (pas) personne qui est venu.
C'est pas tout le monde qui fait ça.

Word Formation

a. The suffixes *-age, -eux, -ant, -able* are used to create many words unknown to standard French:

bûchage, embrassage, garrochage, payage, paquetage
chevreux, critiqueux, écriveux, écureux, faiseux, quêteux, sueux
dérangeant, mêlant, recevant
comprenable, conduisable, descendable, marchable, parlable, pognable

Prononciation

Suivent quelques indications sur les principales tendances phonétiques du français québécois. Il s'agit d'un relevé forcément incomplet, mais qui servira de guide aux non-initiés. Le contact direct reste bien sûr la seule façon d'assimiler les sons du français québécois.

Consonnes

a. Les t et d se prononcent *ts, dz* devant les voyelles *i, u* et la semi-voyelle *u* (cf. *tuile*):
    *ti*rer, *tu*er, *di*re, *du*r

b. Pour des raisons qui tiennent à l'histoire de la langue française, certains mots retiennent leur consonne finale:
    lit (pron. litte)
    tout (pron. toutte)
    j'ai *fait* ça (pron. faitte)
    debout (pron. deboute)

    Pour d'autres, c'est l'inverse:
    boeuf (l'animal) (beu)
    bon sens (bon sen)
    sur (sus)

c. Le *l* des articles et des pronoms *la* et *les* a tendance à tomber quand une voyelle précède:
    toués jours (= tous les jours)
    su'a rue (= sur la rue)
    avant des manger (= de les manger)

d. Le *h* aspiré est souvent prononcé:
    en *h*aut
    la *h*ache

e. Les groupes de deux consonnes en fin de mot se réduisent à une seule:
    piasse (= piastre)
    capabe (= capable)

f. Les groupes consonne + semi-voyelle sont soit réduits:
    ienque (= rien que)
    ouère (= voir)

soit épaulés par une voyelle épenthétique:
>   *arien* (= rien)

g. Certaines prononciations reflètent une ancienne palatalisation:
>   *yeule* (= gueule)
>   *yeu* (= Dieu)

Voyelles

a. Les voyelles *i, u, ou* ont trois sons différents, selon la forme du mot.

1. Si elles se trouvent dans une syllabe fermée par une consonne (sauf *v, z, j (ge), r*), elles s'ouvrent:
>   *quitte* (se prononce comme l'anglais *kit*)
>   *route* (rime avec l'anglais *put*)
>   *lutte* (arrondissement de la voyelle ouverte *i*)

2. Si elles se trouvent à côté de consonnes sourdes (surtout p, t, k, f, s) et ailleurs que dans la syllabe finale du mot ou du groupe rythmique, elles ont une forte tendance à se désonoriser, à être chuchotées. La voyelle existe toujours dans le rythme, mais sous forme de souffle:
>   *édu*c*a*tion
>   *inst*i*t*u*t*ion
>   *co*u*p*er
>   C'est ça qu'il (k*i*) faut

3. Ailleurs, elles sont les mêmes qu'en français d'Europe:
>   *fin*i
>   i*llégal*

b. 1. La distinction entre *a* et *â* est très bien maintenue: *pâte* se distingue toujours de *patte*, *mâle* de *malle*. Le â s'étend à d'autres mots (Jacques, cadavre, etc.) Voyelle postérieure, le â a tendance à se diphtonguer et à se prononcer comme le *ow* de l'anglais, ou le *au* de l'allemand. Le *a* correspond au *a* antérieur généralisé en français d'Europe.

2. La voyelle *a*, en fin de mot ou de groupe rythmique, n'a qu'une seule pro-nonciation, *â*, non diphtonguée:
>   p*a*s, t*a*s, Canad*a*
>   La voyelle de "T'*as* fait tes devoirs" est très différente de celle de "Qu'est-ce que t'*as*?"

3. Les voyelles *a* et *o* sont neutralisées devant *r* et se prononcent *â* (diphtongué). Des paires telles que *part/port, quart/corps, tard/tord* ne se distinguent pas.

c. 1. La voyelle *e* a également deux prononciations qui servent à distinguer des paires telles que *fête / faite, tête / tète*. La première a tendance à se diphtonguer, en *aï (cf. size* en anglais), alors que la deuxième correspond au e antérieur utilisé en France.

   2. La distinction entre un *e* fermé et un e ouvert en fin de mot est très bien maintenue, contrairement à la tendance en Europe. Les paires *piqué / piquet, poignée / poignet* ainsi que le futur / conditionnel j'*arriverai/j'arriverais* se distinguent toujours.

d. Les voyelles nasales, surtout *an* et *(a)in*, ont tendance à se diphtonguer dans des syllabes fermées par des consonnes: *tante, pinte*, etc. ont les voyelles *ow* ou *au*, et *aï* nasalisées.

e. Le *oi* se prononce souvent *wais* ou *wé*: *moé, toé, souère, avouère*.

f. La voyelle *e* devient *a* devant *r* : *parsonne, marde*.

Pronunciation

Below are the main characteristics of Quebec French phonetics that differ from standard French. What follows is necessarily an incomplete summary, but will give some guidance to those unfamiliar with the sounds. Direct contact is of course the only way to learn them effectively.

Consonants

a. The *t* and *d* are pronounced *ts* and *dz* in front of the vowels *i, u* and the semi-vowel *u (cf. tuile)*:
    *ti*rer, *tu*er, *di*re, *du*r

b. Reflecting the history of the French language, some final consonants are retained:
    lit (pron. litte)
    tout (pron. toutte)
    j'ai *fait* ça (pron. faitte)
    debout (pron. deboute)

    Others are not pronounced:
    boeuf (l'animàl) (beu)
    bon sens (bon sen)
    sur (sus)

c. The *l* in *la / les* (as articles and pronouns) tends to drop when preceded by a vowel:
    toués jours (= tous les jours)
    su'a rue (= sur la rue)
    avant des manger (= de les manger)

d. The so-called aspirate h is often pronounced (like English h)
    en *h*aut
    la *h*ache

e. Consonant clusters are reduced when word final:
    piasse (= piastre)
    capabe (= capable)

f. Clusters consisting of consonant plus semi-vowel are either reduced:
    ienque (= rien que)
    ouère (= voir)

or are supported by an epenthetic vowel:
arien (= rien)

g. Certain pronunciations reflect a former palatalization:
yeule (= gueule)
yeu (= Dieu)

Vowels

a. The vowels *i, u, ou* have three different sounds, according to the phonetic shape of the word or group:

1. When they are found in a syllable ending in a consonant (except *v, z, j (ge), r*), they are open:
quitte (pron. like English *kit*)
lutte (rounded version of open *i*)
route (rhymes with English *put*)

2. If these vowels are next to voiceless consonants, (especially *p, t, k, f, s*) and not in the final syllable of the word or group, they have a strong tendency to lose their voicing, to be "whispered." The vowel does not actually drop, but is heard as a kind of breathing sound:
éd*u*cation
inst*it*ution
c*ou*per
C'est ça qu'il (k*i*) faut

3. Elsewhere, they are the same as in standard French:
fin*i*
stat*ue*
*c*ou

b. 1. The distinction between *a* and *â* is very much alive, unlike the situation in France, where it is dying out: *pâte* is always different from *patte, mâle* from *malle*. The *â* in fact has been extended to other words (J*a*cques, cad*a*vre, etc.) The *â* is pronounced in the back of the mouth, and tends to become a diphthong (pron. like English *ow*). The *a* corresponds to the *a* of standard French.

2. At the end of words or groups, only *â* is pronounced, but is not diphthongized in this position:
p*a*s, t*a*s, Canad*a*
The *a* of "T'*a*s fait tes devoirs" is hence very different from that of "Qu'est-ce que t'*a*s?"

3. The vowels *a* and *o* are neutralized before an *r* and are pronounced *â* (often diphthongized). Thus no distinction is made between *part / port, quart / corps, tard / tort.*

c. 1. The vowel *e* also has two pronunciations, which are used to distinguish between such words as *fête / faite, tête / tète.* The first has a tendency to diphthongize as *aï (seize* is pronounced like Eng. *size),* while the other e corresponds to the *e (è)* of standard French.

2. The distinction between closed and open *e* at the end of words is maintained, whereas in France this has generally disappeared. Thus such pairs as *piqué / piquet, poignée / poignet, j'arriverai / j'arriverais* are always distinct.

d. The nasal vowels, especially *an* and *(a)in* tend to diphthongize when in a syllable ending in a consonant: *tante* and *pinte* have the vowels *ow* and *aï* nasalized.

e. The *oi* is often pronounced *wais* or *wé*: *moé, toé, souère, avouère.*

f. The vowel *e* becomes *a* before *r*: *parsonne, marde.*

Le français acadien

Les commentaires suivants s'appliquent au langage parlé par les Acadiens du Nouveau-Brunswick, de la Nouvelle-Écosse, de l'Île-du-Prince-Édouard et de la Louisiane. Souvent, il s'agit d'un usage limité à une certaine couche sociale, ou encore d'un usage en voie de disparition. Toutefois, la plupart des points suivants seraient compris par l'ensemble des Acadiens. Nos recherches sont fondées sur des voyages en Acadie ainsi que sur un examen attentif de la littérature et de la chanson acadiennes.

A / Orthographe

L'orthographe suivante est employée par beaucoup d'écrivains afin de refléter la prononciation acadienne.

Traits caractéristiques

1) *a*: *ânnée, gâgner*
     représentent le *a* postérieur acadien

2) *e*: *gouvarnement, farmeras, aléctrique, asseyer*
     e>a devant *r, l, s* (en français québécois familier également)

3) *è*: *derriére, priére, maniére*
     représentent le *é* très fermé de l'acadien devant *r* (en français québécois familier, un *e* très ouvert)

4) *oi*: *nouère, souère, mâchouère*
     (en français québécois familier également; dans les deux parlers, distinct de 3)

5) *o*: *houme, boune, autoune, chouse, counais*
     Il ne s'agit pas de la même voyelle que dans *mou, fou*. Ici, l'orthographe représente une voyelle intermédiaire, la distinction entre *pomme* et *paume*, par exemple, étant neutralisée en acadien.

6) *c, qu, t*: *autchun, tchurieux, tcheue, entchére*
     Si l'acadien ignore la palatalisation caractéristique du québécois (*t>ts* et *d>dz* devant *i* et *u*), il a pourtant une palatalisation bien à lui. Ce phénomène remonte très loin dans l'histoire du français.

7) *g, gu, d*: *badguele, Djeu, djable, canadjen*
     Même si les auteurs acadiens écrivent souvent *badguele* au lieu de *badjeule*, la prononciation comporte bien l'affriquée sonore correspondant à 7. (*CF. job* en anglais)

8) *r* : Le *r*, comme dans beaucoup de langues, est une consonne instable.
arprésentants, ervoler, vendordi, compornent, forbir (prononcé *forbi*),
découvri', grandi', qu'ri'
Au 16ᵉ siècle, le *r* ne se prononçait à la fin d'aucun infinitif à Paris.
Archaïsme.
Le *r* de toutes les conjugaisons, sauf *er*, a été restauré par la suite.
Le dernier exemple seulement est courant en québécois (qu'ri, pour
guérir).
Miroué, leu, leux = même phénomène

9) *t* : *toute, boutte, deboute*
Archaïsme courant en français québécois également.

10) *f* : *neu', boeu'*
Prononciation courante au Québec également. Sert à distinguer
l'adjectif *neuf* (*neu'*) du numéral (neuf), l'animal (*boeu'*) de la viande
(boeuf).

11) *ouasine* (voisine), *ouère, aouère*
Vocalisation courante en français québécois aussi.

12) *communisse* (communiste), *minisse* (ministre), *iste* devient *isse*, à la
fin d'un mot.

13) Le futur et le conditionnel d'*avoir* peuvent se prononcer et s'écrire
j'arons (= nous aurons), *j'arions* (= nous aurions) etc.

B / Grammaire

Verbes

En acadien, il y a une conjugaison très particulière.

Présent

je passons (= nous passons)
j'allons (= nous allons), etc.
ils pouvont
ils faisont
ils allont
ils donnont

Imparfait

je nous cachions (nous nous cachions)
j'avions (nous avions)
ils faisiont (ils faisaient)
ils étiont (ils étaient)

Conditionnel
>   j'arions; ils ariont

C'est un système des plus économiques, qui réduit le nombre de pronoms sujets (*nous* remplacé par *je*) tout en conservant une distinction singulier/pluriel perdue en français parlé standard.

>   il parle > il parle
>   ils parlent > ils parlont
>   il parlait > il parlait
>   ils parlaient > ils parliont
>   il parlerait > il parlerait
>   ils parleraient > ils parleriont, etc.

Même les verbes *avoir, être* et *faire* y passent. Pour *être* on dit:

>   je sons = nous sommes
>   ils sont = ils sont

pour *avoir* :   j'avons, j'ons = nous avons
>   ils avont = ils ont

On remarque des subjonctifs en:

- *avant même qu'il s'apercevit de rien*
- *avant qu'a' s'amenit*
- *pourvu que t'attrapis pas, etc.*

On remarque pourtant un usage très fréquent du passé défini.

Commentaires généraux

Les caractéristiques suivantes s'appliquent également au français québécois familier, et souvent au français populaire de France.

- *qui* devient *qu'*: *qu'étiont*
- *il s'a lancé, qui y arait arrivé* (il s'est lancé, qui lui serait arrivé)
- *cte choix-là, c'ti-là, c'tes* (ce choix-là, celui-là, ces)
- *quoi c'est dire, quand c'est que* (quoi dire, quand est-ce)
- *le truck à François* (le truck de François)
- *toute* pour *tous*
- *ils avont pas trouvé parsoune* (ils n'ont trouvé personne)
- *l'allitérature, limitation* (= imitation)
- *Je sons-ti' point sûrs dessus?* (particule interrogative généralement *tu* en québécois)
- *crois-les pas* (ne les crois pas)
- *cuisinage, emmaillotage* (création de substantifs en ajoutant le suffixe "age" au radical du verbe pour des noms d'action)
- *pêcheux, faiseux* (création de substantifs en ajoutant le suffixe "eux" au radical pour des noms d'agent)

Acadian French

The following comments apply to the language spoken by the Acadians of the Maritime provinces and of Louisiana. Often the pronunciation given is limited to certain social strata, or is dying out. However, these pronunciations would generally be understood by Acadians. This summary is based on observations in Acadia itself and in Acadian literature and songs.

A / Orthography

The following spellings are used by many writers to reflect Acadian pronunciation traits:

Features

1) *a*:   *ânnée, gâgner*
   The *â* stands for the back *â* of Acadian French.

2) *e*:   *gouvarnement, farmeras, aléctrique, asseyer*
   e becomes *a* before *r, l, s* (also in Quebec French)

3) *è*:   *derriére, priére, maniére*
   This represents Acadian closed *é* before *r* (in Quebec French, this *e* is open)

4) *oi*:   *nouère, souère, mâchouère*
   (also found in Quebec French, distinct from 3, above, in both varieties of French)

5) *o*:   *houme, boune, autoune, chouse, counais*
   This does not represent the vowel of *mou, fou*, but rather a vowel sound between that of *pomme* and that of *paume*, a distinction neutralized in Acadian.

6) *c, qu, t*:   *autchun, tchurieux, tcheue, entchére*
   While Acadian French lacks the palatalization typical of Quebec French (*t* = *ts*, *d* = *dz*), it has its own. This goes far back into the history of the French language.

7) *g, gu, d*: *badguele, Djeu, djable, canadjen*
   Even if Acadian writers often write *badguele* instead of *badjeule*, this is the voiced affricate corresponding to 6. (cf. Eng. *job*)

8) *r*:   The *r* is an unstable consonant:
   arprésentants, ervoler, vendordi, compornent, forbir (pron. forbi),
   découvri', grandi', qu'ri'

In 16th-century Paris, the *r* had dropped in the pronunciation of all infinitives. The *r* was later restored in all conjugations except those in *-er*. Only the last example is found in Quebec French (*qu'ri* for *quérir*). *Miroué, leu, leux* represent the same phenomenon.

9) *t* :   *toute, boutte, deboute*
An older pronunciation also found in Quebec French.

10) *f* :   *neu', boeu'*
A pronunciation current in Quebec also, and used to distinguish the adjective (*neu'*) from the numeral (*neuf*), the animal (*boeu'*) from the meat (*boeuf*).

11)   *ouasine* (= voisine), *ouère, aouère*
Reduction o. consonant clusters, also current in Quebec French.

12)   *communisse, minisse*, etc. represent the reduction of consonant clusters at the end of words, as in Quebec French.

13)   *avoir* has a future and conditional with initial vowel *a*: written *j'arons* (= nous aurons) and *j'arions* (= nous aurions), etc.

B / Grammar

Verbs

Acadian has a distinctive conjugation.

Present

je passons (= nous passons)
j'allons (= nous allons), etc.
ils pouvont
ils faisont
ils allont
ils donnont

Imperfect

je nous cachions (nous nous cachions)
j'avions (nous avions)
ils faisiont (ils faisaient)
ils étiont (ils étaient)

Conditional

j'arions; ils ariont
This very economical system in effect reduces the number of pronoun

subjects (*je* replaces *nous*) while conserving a singular/plural distinction lost in standard spoken French.

Standard French	*Acadian French*
il parle	il parle
ils parlent	ils parlont
il parlait	il parlait
ils parlaient	ils parliont
il parlerait	il parlerait
ils parleraient	ils parleriont, etc.

Even the verbs *avoir* and *être* are part of the system:

je sons	j'avons, j'ons
ils sont	ils avont

The past definite (passé simple) is used fairly frequently, even in speaking, although most forms ending in *-i(t, s)* are subjunctive:

– *avant qu'a' s'amenit*
– *pourvu que t'attrapis pas, etc.*

General Comments

The following are found also in colloquial Quebec French, and often in popular French in France:

– *qui* becomes *qu'*: *qu'étiont*, etc.
– *il s'a lancé, qui y arait arrivé* (il s'est lancé, qui lui serait arrivé)
– *cte choix-là, c'ti-là, c'tes* (ce choix-là, celui-là, ces)
– *quoi c'est dire, quand c'est que* (quoi dire, quand est-ce)
– *le truck à François* (le truck de François)
– *toute* (tous)
– *ils avont pas trouvé parsoune* (ils n'ont trouvé personne)
– *l'allitérature, limitation* (= imitation)
– *je sons-ti' point sûrs dessus?* (the interrogative particle, generally *tu* in Quebec French)
– *crois-les pas* (ne les crois pas)
– *cuisinage, emmaillotage* (formation of action nouns through suffix *-age*)
– *pêcheux, faiseux* (formation of agent nouns through suffix *-eux*)

Choix de vocabulaire acadien
(Acadian Vocabulary)

La plupart des mots québécois contenus dans ce livre sont utilisés en Acadie. Les mots suivants, recensés lors de nombreux voyages dans les différentes Acadies (Nouveau-Brunswick, Nouvelle-Écosse, Île-du-Prince-Édouard, Louisiane), sont typiques des Acadiens. La littérature acadienne nous a également été très utile. Nous tenons à remercier tout particulièrement l'écrivain Antonine Maillet qui a eu l'amabilité de lire ce lexique et de nous faire part de ses commentaires.

Most of the Québécois words in this dictionary are also used in Acadia. The following words and expressions are typical of New Brunswick, Nova Scotia, Prince Edward Island and Louisiana. We would like to thank the Acadian author Antonine Maillet for her advice on the chapters related to Acadian French.

Acadie	France/Acadie	
aboiteau (m)	digue, écluse	special dam used by the Acadians
abouette * (f)	appât	bait
abric * (m)	abri	shelter
accordant *	selon	according to (in Louisiana)
achalé	crevé	tired, wiped (in Louisiana)
d'accoutume *	d'habitude	as a rule
alément * (m)	allure	aspect, look
allumelle * (f)	lame	(razor-) blade
anicroche (f)	bévue	boo-boo, slip
aouindre *, s'aveindre *	sortir	to go out, come out
berdi-berla	pêle-mêle	in a jumble, pell-mell
bessounes * (f, pl)	jumelles	twins
bière aux mères, flacatoune (f)	sorte de bière domestique	homemade beer
bombarde (f)	guimbarde	jew's-harp
borgo (m)	porte-voix	megaphone

Acadie	France/Acadie	
borlicoco* (m)	cône	pine-cone
bouchure* (f)	clôture	fence
boudinière (f)	boudin (pas en forme de saucisse)	black pudding (not in sausage form)
bouillée* (f)	touffe	group, cluster (of trees)
bréyon* (m)	torchon	rag
buttereau (m)	petite butte de sable	little mound of sand
cabourne (f)	repaire de homards	lobster hide-out
Cadjun, Cadjinne	Acadien de la Louisiane	Acadian from Louisiana, Cajun
cagouette (f)	nuque	scruff of the neck
calouetter*	cligner	to wink
chacoter*	tailler	to whittle
chacunière* (f)	chez-soi	one's own place
(feu)-chalin (m)	éclair de chaleur	heat lightning
chamaille (f)	dispute	quarrel
chaviré	fou, cinglé	crazy, nuts
chancre* (m)	crabe	crab
charrier	bavarder	to chat (in Louisiana)
cher	mon vieux	man (term of address, in Louisiana)
chevrette* (f)	crevette	shrimp (in Louisiana)
chiac (m)	argot acadien	Acadian slang
clopeux*	boiteux	lame
coque (m)	sorte de palourde	type of clam
coquemar* (m)	bouilloire	kettle
cosse (de fayot) (m)	haricot	green bean
cousin adjermé*	cousin germain	first cousin

Acadie	France/Acadie	
crache*(f)	crachat	gob of spit
déconforter*	décourager	to dishearten
défricheter	défricher; déchiffrer	to clear the land; to figure something out
défricheteux de parenté*(m)	généalogiste populaire	genealogist storyteller
déniger*	dénicher	to discover, find, dislodge
devanteau*(m)	tablier; devanture	apron; front (of building)
se mettre en dève*	se mettre en colère	to get angry
D'où c'est que tu d'viens*?	. . . viens?	Where do you come from?
doutance*(f)	doute	doubt
drès*	dès	since, as soon as
dumeshui*	dorénavant	from now on
ébaroui*	ébahi	flabbergasted
écale (f)	écaille	shell (of fish)
échine*(f)	dos	back
écors (m, pl)	rives	shores (in Louisiana)
effaré*	effronté	shameless
efflintché*	grand et maigre	tall and slim
éloèse*(f)	éclair	lightning
s'emoyer*, s'enmoyer*	s'informer	to inquire
empioche*(m)	empoté	clumsy person
sur l'empremier*	autrefois	in the past
encens*(m)	chewing-gum	gum, chewing gum
s'engotter*	s'étouffer	to choke
envaler*	avaler	to swallow
éparer*	étendre	to spread
esclopé*	estropié	crippled

Acadie	France/Acadie	
espérer qch*	attendre qch	to wait for sth
faire une niche*	jouer un tour	to play a joke on s.o. (in Louisiana)
fais-dodo (m)	bal	dance (in Louisiana)
farlaque*, forloque* (f)	dévergondée	loose woman
forloquer	s'amuser, se laisser aller	to let loose
fayot (m)	fève	bean
fiance* (f)	confiance	trust, confidence
forbir*	frotter, fourbir	to clean, scrub
fouëne, fouine (f)	lance	spear
fraide*	froide	cold (in Louisiana)
fricot (m)	ragoût acadien	Acadian stew
gadelle, goddam, godêche	sortes de jurons	swear words
gaspareau (m)	poisson qui ressemble au hareng	alewife, grey herring
goule* (f)	gueule	mouth, kisser
grain* (m)	pluie légère	drizzle
grainage (m)	baie sauvage	small wild berry
gumbo (m)	ragoût louisianais	gumbo (Louisiana)
gumrubbers* (m, pl)	bottes de pêcheur	waders
hairage (m)	lignage, héritage	lineage, descent
herbe à outarde (f)	goémon	seaweed
hucher*	crier	to yell
jurement* (m)	juron	swear word
Lâche pas la patate!	N'abandonne pas!	Hang in there! (in Louisiana)
laize* (f)	bande (de terre, d'étoffe)	piece (of land, of material)
larguer*	lâcher	to let go, free

Acadie	France/Acadie	
lèche, laiche (f)	ver de terre	(earth-)worm
lice (f)	tronc d'arbre utilisé dans les clôtures	tree trunk used for fences
linguard* (m)	efflanqué	skinny person
louter*	ôter, enlever	to lift up
tour de lune (m)	écervelé	nut, idiot
machecouèche* (m)	raton laveur	raccoon
maçoune* (f)	âtre	fireplace
manche (f)	petite route	sideroad (in Louisiana)
marionnettes* (f, pl)	aurore boréale	northern lights
maskquoi* (m)	écorce de bouleau	birch bark
mèche* (f)	marais	marsh (in Louisiana)
meque*	quand	when
métiver*	couper à la faucille; moissonner	to sickle; to harvest
mette* (f)	huche	bread-box
minater*, minoter*	caresser, flatter	to caress, stroke
mirer*	viser	to dim
mocauque (m)	terrain bas et embrousaillé	low and bushy land
mouque (f)	moule	mussel
mouvange (m)	fonte des glaces	spring thaw
musk (m)	parfum	perfume
navot (m)	navet	turnip
mon nègre	mon vieux	man (term of address, in Louisiana)
néo-brunswickois	du Nouveau-Brunswick	New Brunswick (adj)
nigog (m)	harpon	harpoon
octane*	quatre-vingts	eighty

Acadie	France/Acadie	
ous* (m)	os	bone
faire une petite passe*	être de passage	to pass by
petassas (m)	perche	perch (in Louisiana)
patate douce (f)	patate sucrée	sweet potato (in Louisiana)
pigou (m)	tisonnier	poker
pigrouin* (m)	rognon	kidney
pistroli (m)	soirée de musique	evening of music, song and dance
platains (m, pl)	petit plateau	small plateau (in Louisiana)
ploye (f)	sorte de crêpe	buckwheat pancake
ponchon*, pontchine* (f)	baril	barrel
pouaisé*, pouésé*	rempli	full
poutine râpée (f)	sorte de croquettes	dish of meat and potatoes
qualité* (f) (de qch)	sorte (de qch)	kind (of something, in Louisiana)
quitter	laisser	to leave
quofaire*	pourquoi	why (in Louisiana)
ragorner*	cueillir, ramasser	to gather, to pick
ramenelle (f)	sorte de mauvaise herbe; ivraie	weed; rye grass
reintier* (m)	bacon	bacon (in Louisiana)
remeuil (m)	pis (de vache)	(cow's) teat
renâcler*	renifler; rouspéter	to sniffle; to complain
à tout de reste*	absolument, sans faute	absolutely, really, it's a must
refoule (m)	reflux des grandes marées	ebb of high tides
sacordjé	*un juron*	a swear-word
sans réserve	sans égal	unbeatable (in Louisiana)
sassaquoi, sérail (m)	bruit	racket, noise (in Louisiana)

Acadie	France/Acadie	
seillon*(m)	sillon	furrow
séminte	sorte de juron	a swear word
si fait*	si oui (renforcé)	why sure
si que*	si	if
sorcière de vent*(f)	petite tornade	windstorm, small tornado
sourlinguer*	secouer	to shake
subler*	siffler	to whistle
T'as qu'à voir!	Pas possible!	Come on now! You're kidding!
tcheindre*	tenir	to hold
tet à poules*(m)	poulailler	henhouse
tétine de souris*(f)	patte d'alouette	lark's foot
tiniacle*(m)	réglisse	stick of licorice
travée (f)	distance entre deux piquets d'une clôture	fence section
usses*(m, pl)	sourcils	eyebrows
vache marine (f)	morse	walrus
varette (f)	varech	kelp, seaweed
ventrêche*(f)	poitrine de femme	woman's breast, chest
vèze*, veuse*(f)	cornemuse	bagpipes
faire zire*	dégoûter	to disgust, turn off